QUO VADIS: SLOVENIJA V AFRIKI
Deklaracije, strategije, izjave in razmišljanja

QUO VADIS: SLOVENIJA V AFRIKI
Deklaracije, strategije, izjave in razmišljanja

Uredila
Matjaž Šinkovec in
Monika Perčič

NKOZA & NANKYA PRESS
2019

Izdajatelj in založnik:

NKOZA & NANKYA PRESS

Uredila: Matjaž Šinkovec in Monika Perčič

ISBN 978-1-387-70096-7

POSVETILO

Posvečeno prvim Slovencem in Slovenkam v Afriki:

Sigfridu Kapusu,
prvemu dokumentiranemu popotniku v Podsaharski
Afriki, 1737 v Etiopiji,

Ignaciju Knobleharju,
ki je v letih 1848-58 med evropskimi popotniki oz.
misijonarji prišel najdlje po Nilu v Afriko,

Frideriku Velbiču,
botaniku, odkritelju rastlinskih vrst v Angoli, 1853-
1861,

s. Lucini Maher,
sestri predragocene krvi, prvi slovenski misijonarki
v Podsaharski Afriki, 1906 – 1947,

baronu Antonu Codelliju,
ki je v letih 1912-14 vzpostavil radiotelegrafsko
omrežje v Togu,

Aleksandru Lenardu,
ki je v Afriki od leta 1936 do 1954 med drugim
ozdravil plantaže nageljnovih žbic na Zanzibarju.

KAZALO

PREDGOVOR

Zbirka besedil, povezanih v pričujočo knjižico, lahko služi kot dobrodošel dodatek ne le Mednarodni konferenci Dan Afrike, kateri je v prvi vrsti posvečena, ampak nasploh našim razmišljanjem in načrtom, kako bolj aktivno in bolj organizirano okrepiti slovensko angažiranje na nam geografsko tako bližnji a še zmeraj zelo oddaljeni celini, v medsebojno korist tako Slovenije kot tudi Afrike.

Poglobitev dvostranskih odnosov med Slovenijo in afriškimi državami ter inštitucijami v zadnjih letih potrjuje tudi prvi uradni obisk slovenskega predsednika v Podsaharski Afriki, namreč obisk predsednika Republike Slovenije Boruta Pahorja v Etiopiji in pri Afriški uniji oktobra 2018.

Predsednik Republike Slovenije je prav tako pokrovitelj Mednarodne konference Dan Afrike, letnega dogodka na visoki ravni, ki poteka od leta 2012 in katere namen je okrepiti učinek politik in pospešiti sodelovanje na gospodarskem področju med slovenskimi podjetji in poslovnimi partnerji iz afriških držav. Sedme edicije konference leta 2018, ki je bila organizirana v partnerstvu s Chatham House, se je udeležilo več kot 300 uglednih gostov, prisotni so bili visoki predstavniki sedemnajstih afriških držav. Višja raven in obseg udeležbe afriških delegacij na konferenci ne priča samo v prid večji prepoznavnosti konference, ampak je tudi odraz močnejšega vpliva Slovenije na afriškem kontinentu. Letošnji konferenci se je priključila kot partnerica tudi Evropska komisija.

Slovenija, ki je neobremenjena s kolonialno preteklostjo in ima razmeroma sveže izkušnje s prehodom v demokracijo ter tržno gospodarstvo, ima v državah Podsaharske Afrike primerjalno prednost. To je še posebej pomembno v luči spreminjajočega se medkontinentalnega odnosa od tradicionalnega pristopa donator–prejemnik do enakovrednega partnerstva tako v političnem kot gospodarskem smislu.

Afrika je kontinent priložnosti, za katere se je vredno potruditi, da ne postanejo zamujene.

Monika Perčič

UVODNA BESEDA

Ime Afrika že ob sami omembi v trenutku vzbudi množico raznolikih, nasprotujočih, pozitivnih, negativnih, žalostnih, zgodovinskih, ideološko obarvanih, vsakršnih prispodob in občutkov, verjetno več kot katera koli druga celina.

Sam tovrstna razmišljanja puščam najraje vnemar. Ko sem se odločil za osebno angažiranje pri napredku odnosov naše države z afriškimi državami ter njenimi mednarodnimi in regionalnimi organizacijami, me je, kot ob drugih angažmajih doslej, vodil zgolj interes, da po svojih močeh skušam pomagati Sloveniji. Ko sem se poleti 2017 vrnil v domovino, sem želel, da bi naslednje leto ali dve predstavljalo mejnik v odnosu do te celine in vsega, kar ponuja Sloveniji. Ta odnos je bil vse od osamosvojitve naprej v bistvu omahljiv. Razlogov za to je veliko; prav gotovo je bilo najprej treba Sloveniji s članstvom v OZN, Natu in EU zagotoviti ustrezen, vpliven mednarodni položaj, se v svetu dokazati s svojo privrženostjo temeljnim vrednotam naše civilizacije, razviti trgovino predvsem z našim najbližjim okoljem, s katerim najbolj tesno živimo in dihamo, ter primerno urediti odnose tudi z drugimi državami sveta, večjimi in manjšimi.

Zdi se mi, da smo na tej poti nekako pozabili, da svet ni ploščat, kjer bi imel princip koncentričnih krogov mednarodnega angažiranja smisel, ampak je krogla in se moramo temu dejstvu prilagoditi, če se želimo dolgoročno obdržati in razvijati. Preskok iz kratkoročno varne in prijetne regionalnosti, v nepredvidljivo, razburljivo globalnost, prav gotovo ni enostaven. Prepričan pa sem, da je nujen.

Zadnjih sedem let se enkrat letno v cvetočem maju v blesku Dneva Afrike spomnimo te celine, medtem ko je v mislih našega zunanjepolitičnega aparata znotraj in zunaj Ljubljane ter drugih slovenskih inštitucij med letom skorajda ni, z izjemo sooblikovanja skupne evropske zunanje in varnostne politike, udeležbe pripadnikov Slovenske vojske v misijah EU ter nekaterih drugih pobud. Po moje bi moral biti Dan Afrike češnja na torti naših odnosov in sodelovanja z Afriko in ne opravičilo, da nanjo sicer mislimo, vendar se še nismo prav odločili, kaj z njo početi. Medtem ko dokajšnjo odsotnost politike v omejeni vlogi nadomeščata tako naše gospodarstvo kot nevladni razvojniki in humanitarci, v bistvu do lanskega leta ni bilo pravega signala, da je angažiranje v Afriki nujno in koristno.

Da stanje v tem trenutku ni brezupno, kažejo nekateri dokumenti, sprejeti v zadnjem obdobju v slovenskem zunanjem ministrstvu glede našega odnosa do Podsaharske Afrike, ter odločitve o krepitvi političnih stikov na visoki oziroma najvišji ravni. Iz pogovorov z našimi poslovneži, ki Afriko poznajo in so že tam prisotni ali pa o tem resno razmišljajo, je jasno, da si takšen tok dogodkov ne le želijo, ampak potrebujejo. Kot dolgoletni skeptik glede pisanja dolgoveznih strateških dokumentov, ki so pogosto sami sebi namen, se namesto njih zavzemam za sprejem in izvedbo nekaj jasnih kratkoročnih in srednjeročnih potez.

V tem smislu se svoji donkihotovski vlogi ne morem zadržati, da ne bi predstavil osebnega razmišljanja nujnih korakov v naslednjih štirih letih, brez olepšav in širših razlag, ki pa jih je moč najti v tu objavljenih sprejetih dokumentih. Nujen je predvsem signal politike, ki ga je najlaže moč udejanjati z vsaj enim bilateralnim obiskom letno v Podsaharski Afriki na najvišji ravni; v tem smislu je bil lanskega oktobra izrednega pomena dobesedno zgodovinski prvi uradni obisk predsednika naše države v Adis Abebi na sedežu Afriške unije ter pri Etiopiji. Velikega pomena so pogostejši obiski na vladni oziroma ministrskih ravneh v spremstvu poslovnežev, kjer je treba tenkočutno upoštevati interese gospodarstva.

V bilateralnih odnosih vidim nujnost odpiranja rezidenčnih veleposlaništev na praktičen in nedrag način, sprva z rezidenčnimi odpravniki poslov (npr. 2019/2020 v Etiopiji, 2020/2021 v Južni Afriki, itd.) ter nerezidenčnimi veleposlaniki bodisi iz Ljubljane ali ustreznega našega veleposlaništva (npr. Bruslja, Kaira, Londona, Pariza). V podporo temu procesu bi bilo koristno imenovanje t.i. letečega veleposlanika ali veleposlanikov iz MZZ, pa tudi odpiranje konzulatov na čelu s častnimi konzuli, npr. vsaj 2 do 3 letno, v državah, s katerimi že teče sodelovanje na različnih področjih. Nujna je krepitev siceršnjega političnega sodelovanja ter iskanja predvsem načinov odpravljanja omejitev pri potovanjih naših državljanov v te države. Narediti bi bilo treba tudi dodatni napor, da vzpostavimo diplomatske odnose s še preostalimi tremi afriškimi državami – Esvatinijo, Lesotom in Čadom. Ob tem ne smemo zanemariti mednarodnih in regionalnih organizacij, predvsem Afriške unije, ki povezuje več kot milijardo prebivalcev celine. Na vrsti je skupno evidentiranje niš, kjer bi bil slovenski vložek viden in koristen za eno in drugo stran.

Če dejansko želimo širše odpreti vrata v Afriko s priložnostmi njenih neznanskih in hitro rastočih trgov ter se lotevati endemičnih problemov celine tam, kjer nastajajo, in ne na svojih mejah, se moramo otresti letargije, ki jo je čutiti zadnje desetletje, predvsem po zaključku predsedovanja Slovenije Svetu Evropske unije, še posebej pa po zatonu naše kampanje za nestalni sedež v Varnostnem svetu OZN. V obeh angažmajih smo tedaj čutili, da je ves svet naše igrišče, ter temu primerno ravnali. V okviru EU smo na področju skupne zunanje in varnostne politike v pol leta dosegli rezultate, ki jih pred nami mnogo večje predsedujoče države članice niso zmogle, v kampanji za Varnostni svet pa smo se vsem celinam in tako rekoč vsem članicam OZN predstavili v najboljši možni luči. Znanj, poznanstev in izkušenj v pravi meri nikdar nismo unovčili.

Konec koncev, ponovil bi besede iz svojega nastopa na lanskem Dnevu Afrike, ko sem izrazil prepričanje, da za nove politične, gospodarske, razvojne in druge korake Slovenije v Afriko v 21. stoletju ne potrebujemo novih konferenc in študij, ampak predvsem odločne ljudi z vizijo, pogumom in energijo, kot so bili Slovenci in Slovenke Sigfrid Kapus, Ignacij Knoblehar in Friderik Velbič v 18. stoletju ter sestra Lucina Maher, baron Anton Codelli in Aleksander Lenard v 19. stoletju.

Matjaž Šinkovec

NAGOVOR PREDSEDNIKA REPUBLIKE SLOVENIJE BORUTA PAHORJA PRED ODBOROM STALNIH PREDSTAVNIKOV PRI AFRIŠKI UNIJI

Adis Abeba, 16. oktober 2018

Velja govorjena beseda!

Excellencies, Ladies and Gentlemen,

Thank you very much for gathering here today at the impressive Headquarters of the African Union, allowing me to address you. My thanks go especially to Chairperson HE Mr Moussa Faki for inviting me here during my official visit to Ethiopia.

You may be asking yourself: what is the President of a small, 2-million Slovenia doing in Addis Ababa in a country of one hundred million plus, on a continent of a billion plus.

Let me start by saying that Slovenia has made quite a journey from its humble beginning at the time of independence back in 1991, not only internally by creating a state based on the rule of law and high respect for human rights, as well as building a successful economy. With the roots in our Democracy movement we always looked well beyond our borders, not only forging friendly relations with our neighbors but joining a host of international organizations, such as the United Nations, North Atlantic Treaty Alliance and the European Union.

Let me stress that we have not been sitting on the sidelines of the multilateral fora but tried to play an active, engaged and responsible role. Just to mention a couple of examples: only a few years after our joining the UN, Slovenia was elected to the Security Council and my country was the first of the new EU members that held its Presidency, already 10 years ago, and we are getting ready to do it again soon, in 2021. Taking our responsibilities for peace and security very seriously, we have also deployed our troops to United Nations Security Council mandated UN, EU and NATO missions and operations.

On the first official visit to Africa of any Slovenian President, I would like to make a couple of things very clear. First, my country deeply believes in multilateralism. To us it is a system which ensures respect for human rights and international law and promotes social progress, development and better standards of life for everybody. We live in a world where new challenges are multiplying and old ones never seem to go away. At the same time the multilateral system – that took us over 70 years to build and which should prevent the humanity from ever again experience the horrors of war -- is being now challenged.

In today's unpredictable world, we need to join our efforts towards strengthening multilateralism as the only way to secure peace and security for future generations. We all have the responsibility to find common solutions to common threats and challenges we face, while protecting the principles and values of the UN Charter. The spirit of cooperation and common responsibility must guide our work in the years to come. No state, no nation will gain if it only strives to assert its own interests.

The second thing I wanted to say is that Slovenia sees the African Union as its partner, both on its own as well as via the European Union. We cooperate closely in the fora where we share views about the environment and climate changes, human rights and several other issues. We are following closely the African Union reform processes. We are impressed by the major steps towards continental integration in the past few months that offer major opportunities for growth and jobs, as well as for investment.

I am joined in my visit by a few top-notch Slovenian companies, looking for new opportunities. Our political and economic outreach is part of a midterm strategy adopted last year to tackle the continent of the 21st Century. While the first Slovenian explorer ventured into Sub-Saharan Africa already in 1737, Slovenian economy was involved in mutually beneficial relations especially during the last few decades of Slovenia's tenure in the Yugoslav federation. Today, when tiny Slovenia exports over 30 billion of US dollars and imports also over 30 billion US dollars, mostly in the vicinity of our country, it is high time to venture and invest more into Africa.

The future relations of our two continents will depend very much on the Post-Cotonou agreement. We welcome the start of negotiations of the new

Partnership agreement between the EU and the African, Caribbean and Pacific group of states. Slovenia is in favor of an agreement suitable for today and tomorrow that would bridge the current divisions. As it will be a mixed agreement in the competence of member states of the EU, Slovenia is paying particular attention to this dossier. This agreement should take into account the specificities of all partners while at the same time representing the foundation of an equal partnership. I am aware the negotiations will be demanding, but this is the only approach to carry out globally the Agenda 2030.

Achievement of sustainable development, including environment protection, is a crucial precondition for peace. For both continents it is important that economic growth will not go at the expense of safe environment. The Agenda of the Union (Agenda 2063) aims for "an integrated, prosperous and peaceful Africa, driven by its own citizens and representing a dynamic force in international arena", a vision that mutually supports the vision of the Agenda 2030.

All in all, we live in a different world today than at the beginning of the century, and the new reality demands new approaches. Our economies and our societies are however more and more interconnected and the need to address common challenges jointly becomes more and more apparent. New reality requires strong equal and inclusive partnership. In this regard resilience is a crucial element that will face new challenges. Common challenges such as terrorism, failure to comply with UN resolutions, climate change, cyber and hybrid threats, migration etc. are connecting us in striving for common solutions to respond to these challenges. This could be best implemented through effective multilateralism in security challenges.

Let me say just a few things about peace and security. We are all aware that without peace and security there can be no development. In the eyes of many Europeans, Africa is the continent of wars and conflicts, as well as a source of unwanted migrations. I feel we should strive on both sides of the Mediterranean to break these stereotypes. We need more joint projects to better understand conflicts, their causes and consequences.

Madam Chairperson,

Slovenia is very much engaged in shaping EU policies. You are all well aware that EU's Common Foreign and Security Policy is adopted on the basis of the unanimity. This makes the 28 Member States both quite responsible as well as influential in the shaping and adoption of this policy. I am glad to see that EU's Political and Security Committee has developed a permanent dialogue with the AU Peace and Security Council. For Slovenia, their exchange of views, is broadening our foreign policy horizons and deepening our mutual understanding.

I was impressed by the rapid and successful intervention during the crisis in the Gambia, demonstrating both effective reaction of the region as well as an all-Africa support. The Memorandum of Understanding between the EU and AU as well as trilateral cooperation EU-AU-UN are excellent examples of setting foundations for permanent cooperation between Europe and Africa.

Now, let me diverge a little bit and to point out one of our main challenges in the future: availability of natural resources, notably so water management. Access to safe drinking water is crucial for human food security as well as for sustained peace and conflict prevention. Post-conflict countries with high food insecurity are 40 per cent more likely to relapse into conflict within a 10-year timespan. On the other hand, during emergencies and in conflict situations, water and sanitation systems often collapse and are difficult to maintain.

Please allow me to highlight that Slovenia was the first EU country which enshrined the right to safe drinking water in its Constitution in 2016. Slovenia has important experience in water management and is ready to share its know-how. One of the important elements to face these challenges is regional and inter-continental cooperation. Regional cooperation was one of the basic elements in European integration, as regional economic organizations also play important role in African integration. "Water dialogues" are not only a contribution to regional integration – with important cases both in Europe and in Africa – but they also represent a model of social practice with the potential of building sustainable peace.

In view of this, allow me to highlight two crucial areas that can greatly contribute to reaching our common goal of enhanced peace and security. First: the participation of women in peace-building and their crucial role in the process. Second: the importance of quality education for children and youth as a building block of prosperous societies, and a means of preventing radicalization and violent extremism.

Women represent half of world's population. Yet, their contribution to peace-building remains undervalued and under-resourced. International experience demonstrates that equal and meaningful participation of women in peace-building processes presents an advantage and added value to the efforts towards prevention and resolution of conflicts, in peace negotiations, peacekeeping, humanitarian responses and post-conflict reconstruction.

Our experience in Slovenia shows that in crisis management processes and peacekeeping missions, an increasing number of female members of Slovene Armed Forces ensure better quality of brokerage and mediation, particularly when in contact with socially underprivileged groups and local women in crisis areas. We must, therefore, endeavor to acknowledge women's importance as well as to enhance their participation and influence in decision-making in all areas related to peace and security at local, regional and global levels.

Young people, especially those living in vulnerable context and from disadvantaged backgrounds are particularly affected by the growing economic gap, which must be reduced. Quality education of children and youth, paired with prospects for productive employment and decent work later in their life, is an efficient and effective vehicle for their social, economic and political empowerment.

Young people, in particular those without tangible prospects for a decent and meaningful livelihood, and those who gave up on their future and personal aspirations, may be especially susceptible to radicalization. We therefore should join forces to provide quality education to all children and youth on an equal basis. This can foster long-lasting social cohesion, help build egalitarian societies and create conditions in which radicalization and extremism can be effectively countered, especially among the young.

Excellencies, Ladies and Gentlemen, Friends,

Three weeks ago I took part in New York in the event marking the100th anniversary of Nelson Mandela's birth. One of the greatest sons of Africa devoted his life to fighting for truth, justice and equality for all peoples irrespective of race, religion or creed, notably through perseverance, patience and striving for forgiveness, reconciliation and peace. You may think that Slovenians and Africans are very far apart. Perhaps geographically, yes. But we are very close to him in spirit during the difficult parts of our history, when we were struggling against subjugation and for freedom and independence, as well as national reconciliation.

Let me quote something that he said and, word by word, his thoughts were and are our thoughts, reminding us Slovenes of the words of France Prešeren, our greatest poet of almost 200 years ago: "We understand it still that there is no easy road to freedom. We know it well that none of us acting alone can achieve success. We must therefore act together as a united people, for national reconciliation, for nation building, for the birth of a new world. Let there be justice for all. Let there be peace for all. Let there be work, bread, water and salt for all. Never, never and never again shall it be that this beautiful land will again experience the oppression of one by another and suffer the indignity of being the skunk of the world. Let freedom reign."

Thank you.

NAGOVOR PREDSEDNIKA VLADE REPUBLIKE SLOVENIJE MARJANA ŠARCA NA FORUMU AFRIKA-EVROPA NA VISOKI RAVNI

Dunaj, 18. december 2018

Excellencies,

Distinguished Participants,

Ladies and Gentlemen,

It is a great pleasure to be taking part in this unique Forum, which brings together leaders and CEOs striving to build not only economic, but also social, scientific and political partnerships and cooperation between Africa and Europe in an interconnected world that demands new approaches.

Our economies and societies are becoming increasingly intertwined, and the need to jointly address common challenges is becoming more and more apparent. This new reality requires strong partnerships based on equality and inclusiveness. In this regard, today's focus on innovation and digitalisation is crucial for embracing these new challenges.

The fifth African Union – European Union Summit in Abidjan last November set the stage for EU-AU relations, focusing on four agreed strategic priorities. I am pleased to see concrete results deriving from this Summit, such as the Memorandum of Understanding on peace, security and governance and the New Alliance for sustainable investment and jobs between Europe and Africa.

We are all bound to each other by our commitments to attaining the 2030 Agenda in all of its inherently correlated aspects: economic, social and environmental. At this point, I would like to underline that the prosperity of both Africa and Europe requires that economic growth does not proceed at the expense of the environment or the people.

Africa is predicted to become the youngest and most populous continent in the coming decades, which may be a great potential for the world of tomorrow. Since employment growth in Africa remains slow, overcoming jobless growth, particularly in agriculture, is one of the principal challenges.

The nature of work is being changed through globalisation and new technologies. Partnerships and cooperation on digitalisation and innovation have the potential to bridge this gap, as digital technologies facilitate the development of new business models and the dispersed creation of skilled, higher-quality jobs worldwide.

Africa and Europe should work together to build strong and cooperative partnerships that can create digital businesses and jobs, especially for young people. Slovenia supports the promotion of responsible business practices, such as decent work, fair labour standards, and environmental protection, including the prevention of corruption, in all fields of the digital economy.

Slovenia is investing heavily in the development and utilisation of artificial intelligence, and has supported the launch of the European Action for Smart Villages. Slovenia is promoting the transition to a circular economy, e-governance and e-mobility. Its companies and institutions are already collaborating with African partners, among others, on e-governance, security printing solutions, waste and water management, pharmaceutical innovations and geographical information systems. This collaboration is spearheaded by micro, small and medium-sized enterprises which are, in my view, critical for developing sustainable partnerships on an equal footing.

Excellencies,

To achieve such long-term, mutually beneficial solutions for future generations, we need to invest further efforts in cooperation between governments, the private sector and civil society, while preserving the respect for human dignity, human rights, the rule of law and democracy that underpin our progress.

Thank you.

NAGOVOR MINISTRA ZA ZUNANJE ZADEVE REPUBLIKE SLOVENIJE DR. MIROSLAVA CERARJA NA MINISTRSKEM ZASEDANJU MED EVROPSKO UNIJO IN AFRIŠKO UNIJO

Bruselj 22. januar 2019

Excellencies,

Distinguished Participants,

Ladies and Gentlemen,

It is a great pleasure to be here today. The fifth Summit in Abidjan set the stage for cooperation between the continents and both European and African Union. I am particularly pleased to see concrete results deriving from this Summit, notably the *Memorandum of Understanding on Peace, Security and Governance.*

Slovenia highly commends the African Union for its efforts in establishing a conflict-free Africa through the *Silencing the Guns* initiative. We fully support the AU-EU cooperation on the operationalization of the African Peace and Security Architecture.

To ensure a more efficient cooperation between the Unions in this area, we should jointly develop a long-term vision based on the aforementioned *Memorandum of Understanding* and support the African Union's ambition of the architecture while ensuring results-based interventions.

Another crucial area that can greatly contribute to reaching our common goal of enhanced peace and security is the participation of women in peace-building.

Our experience shows that in crisis management processes and peacekeeping missions, an increased number of women ensures a better quality of brokerage and mediation, particularly when in contact with socially underprivileged groups and local women in crisis areas.

We must, therefore, acknowledge the importance of their inclusion as well as enhance their participation and influence in decision-making in all areas related to peace and security at local, regional and global levels. Our commitment to the implementation of the United Nation's *Women, Peace and Security Agenda*, remains valuable in this regard.

Today we face increasingly complex regional challenges that undermine the efforts for sustainable peace and security: religious radicalization, threats from armed non-state actors, terrorism, increase in organized crime and human trafficking, food scarcity and environmental degradation, to name a few.

Slovenia actively supports the EU endeavours for stability in the Sahel though the Sahel G5 Joint Forces and support to national capacities of Malian Armed Forces in the framework of the European Union Training Mission in Mali.

Excellencies,

We are all bound by our commitments to attain the 2030 Agenda in all of its inherently correlated aspects: economic, social and environmental. Prosperity of both Africa and Europe requires that economic growth does not proceed at the expense of the environment or the people.

No state and no nation can prosper, if it only strives to assert its own interests. The spirit of cooperation and common responsibility must guide our work in the years to come.

Thank you.

NAGOVOR PREDSEDNIKA REPUBLIKE SLOVENIJE BORUTA PAHORJA NA 4. VRHU AFRIŠKE UNIJE IN EVROPSKE UNIJE

Bruselj 2. april 2014

Spoštovani visoki gostje,

Takoj na začetku bi rad poudaril, da svetovni mir ni samoumeven, čeprav je to ena osnovnih človekovih pravic. Obstoječa pravna in politična arhitektura mednarodni skupnosti še omogoča, da v prid miru uravnava sodobne varnostne, gospodarske, socialne in druge svetovne izzive.

Politična arhitektura sodobne mednarodne skupnosti temelji na razmerjih moči, ki so se uveljavile po drugi svetovni vojni. Razmere pa so se v tem času v marsičem močno spremenile. Dejanska moč in odgovornost nista več tako močno povezani. Veseli me, da se zavedanje o nujnosti globljih sprememb krepi, vendar je to šele začetek korenitejših sprememb, ki bodo upoštevale novo porazdelitev moči in spreminjajočih se globalnih izzivov. Glede na nekatere varnostne dogodke v svetu se danes vsi zavedamo, da grožnje za našo varnost obstajajo preko meja posamezne države in ni več mogoče pokazati na konkretno odgovorno osebo.

Ne moremo si predstavljati, da bi mednarodna skupnost brez globokih reform tudi v prihodnje lahko učinkovito delovala in iskala rešitve pri razreševanju novih varnosti napetosti v svetu. Za nove učinkovite in uravnotežene modele sodelovanja na političnem, gospodarskem in socialnem področju bo treba poiskati veliko politične volje, da jih bo mogoče izpeljati po mirni poti. Pri obravnavanju razmer v moderni mednarodni skupnosti moramo pozornost usmeriti tudi k nekaterim novim elementom, ki se z globalizacijo vedno bolj jasno kažejo.

Zavedanje o družbeni in socialni neenakosti obstaja že dlje časa, vendar njun pomen v globalno ozaveščeni družbi narašča. Družbena neenakost postaja vse pomembnejši sprožilec nevarnosti za svetovni mir. Vsi prisotni bomo morali v prihodnje nameniti več pozornosti, zagotavljanju mirnega in učinkovitega prehoda k novim svetovnim razmeram in izogibati grožnjam, ki lahko resno načnejo naš mir in našo varnost.

EU in Afrika imata desetletja razgibanih odnosov na področju političnega, gospodarskega in razvojnega sodelovanja, ki zajema tudi področje miru in varnosti. Že od začetka pa je jasno, da miru in varnosti ni mogoče doseči, če ne bomo poiskali korenin konfliktov in nasilja, ki so močno povezani s pomanjkanjem dobrega upravljanja, nespoštovanjem človekovih pravic, vladavine prava, neenakosti in korupcije ter pomanjkanjem delovnih mest. Nadalje pa brez navedenega ni mogoče zagotoviti razvoja in napredka.

Partnerstvo med EU in Afriko je odlična priložnost, da najdemo skupne odgovore na globalne izzive prihodnosti. Prepričan sem, da Afriki pomaga pri iskanju možnosti za uspešno odzivanje pri preprečevanju konfliktov kot tudi pri obnovi in gradnji miru. Pomembno pa je tudi razumevanje, da naše partnerstvo teži k iskanju afriških rešitev na afriške probleme. Danes smo v Afriki še vedno priča velikim kriznim žariščem, kjer ljudje trpijo tudi še zaradi nacionalnih, verskih, spolnih in drugih razlik. Slovenija skuša pomagati tudi pri iskanju odgovorov na ta vprašanja.

Mir in varnost sta bili skozi zgodovino človeštva vedno osnova za nadaljnji razvoj. A tudi v Evropi se prav zaradi zadnjega dogajanja v Ukrajini zavedamo, da ne mir ne varnost nista samoumevna in se moremo zanju vedno znova truditi in iskati rešitve na zastavljene izzive v najširšem možnem kontekstu, s pogledom preko naših nacionalnih meja in v sozvočju s partnerji po celem svetu.

Prepričan sem, da je bil skozi partnerski dialog med EU in Afriko že dosežen napredek na področju miru in varnosti, a smo šele na začetku dolge in naporne poti. Soglasja o novi arhitekturni zasnovi moderne skupnosti ne bo lahko doseči in prav mir in varnost bosta najbolj na preizkušnji.

Hvala za pozornost.

NAGOVOR MINISTRA ZA ZUNANJE ZADEVE KARLA ERJAVCA NA 7. MEDNARODNI KONFERENCI DAN AFRIKE

Ljubljana, Grand Hotel Union, 14. maj 2018

Ekscelence,
spoštovani visoki gostje,
dame in gospodje,
dobrodošli v Ljubljani na sedmi mednarodni konferenci Dan Afrike v Sloveniji.

V veliko zadovoljstvo mi je, da lahko na konferenci pozdravim predstavnike številnih afriških držav in organizacij, med njimi še posebej visoke goste: nj. eksc. g. Ousainouja Darboeja, ministra za zunanje zadeve iz Gambije; g. Mohammada Habibu Tijanija, namestnika ministra za zunanje zadeve in regionalno integracijo iz Gane; go. Afuo Asabeo Asare, namestnico ministra za razvoj gospodarstva, prav tako iz Gane; posebej pozdravljam tudi vse veleposlanike držav afriške celine.

Vašo cenjeno udeležbo sprejemam kot dokaz prijateljskih odnosov s Slovenijo ter odraz interesa za okrepitev dialoga in poglobitev obojestranskega sodelovanja.

Pozdravljam tudi kolege ministre iz Vlade Republike Slovenije.

Konferenca Dan Afrike, ki je postala tradicionalni dogodek v slovenskem političnem in gospodarskem okolju, potrjuje odločenost Slovenije, da še naprej krepi sodelovanje z državami afriškega kontinenta na politični, gospodarski in kulturni ravni.

Danes svet zaznamuje izjemna medsebojna povezanost, ki ima sicer številne prednosti, a prinaša tudi nove izzive, tako regionalne kot globalne, ki terjajo močnejša partnerstva in skupne pristope. Slovenija se strinja s številnimi afriškimi partnericami, da univerzalni trajnostni razvoj ni mogoč brez miru, blaginje, demokracije in spoštovanja človekovih pravic.

Slovenija prav letos, ko obeležujemo 70. obletnico sprejetja *Splošne deklaracije o človekovih pravicah*, predseduje Svetu Združenih narodov za človekove pravice. V tej vlogi si prizadevamo krepiti mednarodno sodelovanje tako, da bomo vsi skupaj bolj spoštovali človekove pravice in podpirali vladavino prava v prid trajnega miru, varnosti in razvoja.

Zavedamo se priložnosti, ki jih prinaša krepitev sodelovanja z afriškimi državami – in to na različnih ravneh in z različnimi akterji. Na podlagi že zasnovanega *Okvirja za sodelovanje Slovenije s Podsaharsko Afriko* smo zato na zunanjem ministrstvu pripravili tudi *Srednjeročni načrt sodelovanja Slovenije z državami Podsaharske Afrike za obdobje od 2017 do 2021*, ki ga že udejanjamo.

Slovenija ima diplomatske odnose z večino afriških držav. Osebno se zavzemam, da bi te odnose še okrepili z novimi oblikami dvostranskega diplomatskega, gospodarskega in razvojnega sodelovanja, še posebej pa s partnerstvi v sklopu že omenjenega petletnega načrta. Obenem je Slovenija močno vpeta tudi v aktualna multilateralna prizadevanja. Naj omenim, da smo lani aktivno sodelovali na 5. vrhu Afriške in Evropske unije ter prispevali k oblikovanju njegove *Skupne politične deklaracije*. Poleg tega smo vključeni v oblikovanje novega partnerskega sporazuma med Evropsko unijo ter afriškimi, pacifiškimi in karibskimi državami. V Afriki sodelujemo tudi v mednarodnih mirovnih misijah na nekaterih kriznih območjih.

V vseh omenjenih procesih je ključnega pomena dobro upravljanje. Hitra gospodarska rast, razvoj informacijskih in komunikacijskih tehnologij ter digitalizacija – v kombinaciji z dobrimi praksami upravljanja – lahko spodbujajo razvoj, privabljajo nove vlagatelje in pospešujejo zaposlovanje. Zato sem še posebej zadovoljen, da je prav dobro upravljanje osrednja tema današnjega srečanja, kjer bodo te vidike obravnavala tri različna omizja.

Slovenija si prizadeva za udejanjanje trajnostnih razvojnih ciljev Agende 2030 in skladno s tem tudi podpira udejanjanje prioritet, opredeljenih v Agendi 2063 Afriške unije. Prepričan sem, da ta konferenca lahko prispeva k realizaciji zadanih ciljev.

Rezultati prvega dneva konference bi lahko prispevali k oblikovanju novih smernic in ukrepov za dobro upravljanje v mednarodnih procesih, kot sta Pokotonujski sporazum in naslednji vrh med Afriško in Evropsko unijo. Jutrišnji program konference, ki bo posvečen predstavitvi potencialov afriških trgov ter ponudbi inovativnih in visokotehnoloških rešitev slovenskega gospodarstva, bo prispeval k utrjevanju obstoječih gospodarskih vezi in vzpostavljanju novih, še močnejših poslovnih vezi med slovenskimi in afriškimi podjetji.

Spoštovani,

otvoritveni dan konference smo letos prvič sooblikovali s Kraljevim inštitutom za mednarodne zadeve Chatham House iz Velike Britanije. Zahvaljujem se jim za njihov angažma.

Prav posebej se želim zahvaliti organizatorjem iz Slovenije: najprej in prav posebej koordinatorki Dneva Afrike, veleposlanici Bernardi Gradišnik, kot tudi njenim najožjim sodelavcem, ki so z veliko truda in požrtvovalnosti pripravili prekrasen in verjamem, da tudi uspešen dogodek. Nato Klubu nekdanjih slovenskih veleposlanikov na čelu z nekdanjim veleposlanikom Petrom Tošem, ki je skupaj z Mednarodnim afriškim forumom Slovenije dal pobudo za to konferenco. Hvala tudi Mednarodnemu centru za promocijo podjetij.

Zahvaljujem se tudi vsem drugim partnerjem, sponzorjem in sodelujočim: Mestni občini Ljubljana, Evropski hiši ter Slovenskemu etnografskemu muzeju za sodelovanje pri pripravi razstave o Antonu Codelliju, ki jo bomo v Mestni hiši v Ljubljani odprli danes zvečer. Hvala tudi Konzorciju, Luki Koper, Občini Piran in podjetju Cetis iz Celja.

Posebej bi rad poudaril, da številni spremljevalni dogodki, ki potekajo ob konferenci Dan Afrike, pričajo o tem, da so članice in člani afriške diaspore pri nas dobrodošli. S svojo ustvarjalnostjo bogatijo našo kulturo in družabno življenje. Zahvaljujem se vam za angažma.

Preden končam, mi dovolite, da vas ob 7. dnevu Afrike povabim na večerni sprejem v atrij Mestne hiše, ki ga bova gostila z ljubljanskim županom Zoranom Jankovićem. Pred Mestno hišo bo predstavitev bogatega afriškega kulturnega in kulinaričnega programa.

Želim vam uspešno nadaljevanje konference, gostom iz tujine pa tudi prijetno bivanje v Sloveniji.

Hvala lepa.

IMENOVANJE NACIONALNEGA KOORDINATORJA ZA ODNOSE REPUBLIKE SLOVENIJE Z AFRIŠKIMI DRŽAVAMI IN ORGANIZACIJAMI

Vlada je 18. oktobra 2017 na mesto nacionalnega koordinatorja za odnose Republike Slovenije z afriškimi državami ter mednarodnimi in regionalnimi organizacijami v Afriki imenovala veleposlanika I mag. Matjaža Šinkovca.

Afriški kontinent postaja vse bolj pomemben in strateško privlačen za države Evropske unije, kot tudi širše. Politični dialog, gospodarsko sodelovanje, razvojno sodelovanje, humanitarna pomoč, pretok ljudi in pretok znanja postajajo vse bolj pomembni dejavniki v povezavi z Afriko tudi za Slovenijo, ki pa ima na afriškem kontinentu samo eno diplomatsko predstavništvo (Veleposlaništvo v Kairu) ter enega častnega konzula (Južna Afrika) ter akreditirano veleposlaništvo iz Belgije (za Zelenortske otoke, Etiopijo in Afriško unijo). Temu primerno se poskuša Ministrstvo za zunanje zadeve ob pomanjkanju finančnih ter kadrovskih virov kar najbolj prilagoditi na bolj konkretno sodelovanje z državami na afriški celini.

Na podlagi **Deklaracije o zunanji politiki Republike Slovenije, ki jo je Državni zbor sprejel 10. julija 2015**, je istega leta Ministrstvo za zunanje zadeve oblikovalo **strateški dokument zunanje politike Republike Slovenije**. V njej je kot posebna geografska prioriteta navedena tudi Afrika, in sicer je opredeljeno, da je glavna naloga diplomacije na afriški celini iskanje novih trgov. V skladu z Resolucijo o mednarodnem razvojnem sodelovanju in humanitarni pomoči Republike Slovenije in glede na tradicijo humanitarnega delovanja slovenskih misijonov se bo srednje in dolgoročno v Podsaharskem delu celine okrepilo tudi slovensko razvojno sodelovanje, tudi s pomočjo evropskih sredstev. Pomemben potencial za prihodnje stike pomeni intenzivno gospodarsko in izobraževalno sodelovanje v času nekdanje SFRJ. V tem smislu bo Slovenija v prizadevanja za okrepitev stikov na afriški celini vključevala tudi afriško diasporo v Sloveniji. Nadaljevala bo tudi tradicionalni *Dan Afrike*, ki se je uveljavil kot uspešna oblika javne diplomacije. Na vrsti področij bo Republika Slovenija v tem smislu okrepila odnose in razvila sodelovanje z državami t.i. "celine 21. stoletja," ter z njeno osrednjo organizacijo Afriško unijo, tako samostojno kot v okviru Evropske unije. Poleg krepitve bilateralnih odnosov, predvsem z izbranimi državami afriških regij, so za politične odnose z afriškimi državami pomembne nekatere niše, v katerih Slovenija dejavno sodeluje v multilateralnih forumih (človekova varnost, pravice otrok, pravice žensk, oskrba z vodo, razminiranje).

V pomoč pri nastopanju v frankofonski Afriki je tudi slovensko sodelovanje v Mednarodni organizaciji za Frankofonijo, v luzofonski pa naši tradicionalni odnosi z Zelenortskimi otoki.. Prav tako je politično pomembno pozicioniranje Slovenije v afriških državah zavoljo interesov, kot npr. kandidature Slovenije za različne institucije in organe OZN in drugih mednarodnih organizacij. Posebna pozornost bo posvečena zaščiti slovenskih državljanov na celini (turistov, individualnih popotnikov, humanitarnih in verskih delavcev ter večjih slovenskih skupnosti), zlasti z urejanjem ugodnejšega položaja glede njihove vizumske obveznosti. Slovenija odločno podpira lastna prizadevanja afriških držav za trajnostni razvoj in prioritete, opredeljene v Agendi 2063 za razvoj Afrike.

V tej luči je bil v Ministrstvu za zunanje zadeve oblikovan dokument **"Okvir za sodelovanje Slovenije s Podsaharsko Afriko"**, v katerem so zastavljeni nadaljnji koraki za postopno poglabljanje odnosov s kontinentom. Za uresničevanje omenjenega dokumenta in za povezovanje slovenskih aktivnosti v celotni Afriki, tako v Podsaharski kot severni, Vlada Republike Slovenije imenuje nacionalnega koordinatorja za odnose Republike Slovenije z afriškimi državami in organizacijami, ki deluje v Ministrstvu za zunanje zadeve. Nacionalni koordinator usklajuje dejavnosti pristojnih resorjev, povezanih z Afriko, in oblikuje pobude oz. usmeritve za sodelovanje z afriškimi državami na političnem, gospodarskem, kulturnem, kmetijskem, znanstvenem, raziskovalnem, okoljskem in drugih področjih.

Nacionalni koordinator ima pregled nad vsemi aktivnostmi Republike Slovenije v afriških državah in pri sodelovanju z mednarodnimi in regionalnimi organizacijami v Afriki ter o tem pripravlja letno poročilo in po potrebi druge strateške oz. akcijske dokumente.

SLOVENIJA IN PODSAHARSKA AFRIKA –
S KOM IN KAKO DALJE (2017 – 2021)

Ministrstvo za zunanje zadeve, december 2017

I. Uvod

Namen tega srednjeročnega načrta je usmeriti slovensko politiko do Podsaharske Afrike in postaviti temelje za okrepitev odnosov s tistimi državami, kjer se kažejo največji potenciali za razvoj oz. krepitev obstoječega sodelovanja, začenši z obravnavanimi v tem dokumentu. V tem obdobju velja tudi skleniti diplomatske odnose s tistimi državami Podsaharske Afrike, s katerimi še niso vzpostavljeni.

Predlog izhaja iz usmeritev, opredeljenih v *Okvirju za sodelovanje Slovenije s Podsaharsko Afriko*. Temelji na dosedanjem sodelovanju Slovenije z državami Podsaharske Afrike, zbranem v *Slovenija in države Podsaharske Afrike – Pregled dosedanjega sodelovanja*, ter na podlagi uspehov, ki jih države Podsaharske Afrike dosegajo na posameznih, tudi za Slovenijo relevantnih področjih. Izbor sledi tudi logiki geografskega, jezikovnega in razvojnega ravnovesja. Predlog ne izključuje priložnosti političnega, razvojnega, gospodarskega sodelovanja z drugimi državami, vzpostavlja pa ravnovesje, ki bi z uresničitvijo tega načrta omogočilo vidnost Slovenije v celotni Podsaharski Afriki.

Časovni okvir tega srednjeročnega načrta se zaključuje v letu po predvidenem predsedovanju Slovenije Svetu EU. Uresničevanje tega načrta – tako bilateralno kot v okviru multilateralnih, zlasti EU in OZN okvirjev – bi vzpostavilo podlago tudi za razmislek o okrepitvi diplomatske, po možnosti tudi rezidenčne, prisotnosti v regiji.

II. Pristop

Po pregledu dosedanjega sodelovanja in upoštevajoč kazalnike dosežkov držav Podsaharske Afrike se predlaga področna in postopna okrepitev sodelovanja s posameznimi državami, začenši s štirimi v južni, zahodni, osrednji in vzhodni: Južni Afriki, Zelenortskih otokih, Nigeriji in Etiopiji.

Raznolikost Podsaharske Afrike in specifičnost posameznih območij omogočata, da

s premišljenim in usmerjenim delovanjem na posameznih področjih dosežemo vidnost in prepoznavnost Slovenije ter vzpostavimo pogoje, ki bodo vodili v rezidenčno prisotnost.

Za posamezna področja se uporabi naslednji pristop:

- **Politični dialog** – z vsaj dvema od predlaganih držav vsaj dva bilateralna dialoga letno (konzultacije na ravni GD/DS in na najmanj ministrski ravni bilateralno ali ob robu multilateralnih zasedanj), sklenitev pisnega dogovora o rednih letnih konzultacijah med ministrstvoma; vabila na Strateški forum Bled, Dan Afrike ter po možnosti druge mednarodne dogodke s skupno tematiko ciljnih držav;

- **Politična multilaterala** – krepitev sodelovanja in skupne pobude s podobno mislečimi državami Podsaharske Afrike, predvsem v multilateralnem okviru, in vidnost teh pobud tudi v širšem afriškem prostoru; okrepitev delovanja v okviru EU (vključno znotraj EEAS in EK); udeležba na vrhovih AU in v okviru dialoga EU-ACP;

- **Krepitev prisotnosti** (v začetni fazi z udeležbo na posameznih srečanjih) v regionalnih multilateralnih centrih (Adis Abeba, Abuja, Nairobi);

- **Konzularno sodelovanje in vizumski režim** – dogovori za olajšanje pogojev za potovanja slovenskih državljanov (npr. vizum ob prihodu), posebej v državah, ki druge državljane EU obravnavajo bolj ugodno (npr. nadaljnja prizadevanja za vizumske olajšave z Republiko Južno Afriko in Etiopijo).

- **Gospodarstvo** – letno vsaj en obisk gospodarske delegacije (v prioritetne države ali iz njih) na ravni ministra/generalnega direktorja;

- **Razvojno sodelovanje** – podpreti s političnim dialogom in gospodarskim sodelovanjem s prioritetnimi državami; krepitev in nadgradnja sodelovanja s programsko državo ter skupna promocija razvojnih projektov tako v državah Podsaharske Afrike kot v multilateralnem okolju (AU, ACP, OECD, OZN); vključevanje v instrumente (črpanje sredstev) in delovanje EU (delegacije EU v prioritetnih državah); prednostne države za področje bodo v skladu z Resolucijo o mednarodnem razvojnem sodelovanju in humanitarni pomoči opredeljene v strategiji mednarodnega razvojnega sodelovanja Slovenije;

- **Znanost** – podpora meduniverzitetnemu sodelovanju znanstveno-raziskovalnih institucij, spodbujanje znanstvenega sodelovanja in podpora vključevanju v multilateralne finančne instrumente; spodbujanje mobilnosti študentov in akademskega osebja v obe smeri, štipendije.

Odsotnost rezidenčnih veleposlaništev ni zadosten argument za odsotnost dialoga. Obenem pa je prisotnost dialoga temeljni argument za vzpostavljanje okrepljene diplomatske prisotnosti. Uresničevanje pričujočega predloga krepi sodelovanje, na katerem bo temeljil premislek o okrepljeni diplomatski prisotnosti, po možnosti tudi odprtju rezidenčnega veleposlaništva v državi z najbolj izrazitim potencialom za nadgradnjo sodelovanja.

Vzporedno velja izboljšati mrežo častnih konzulov in okrepiti njeno delovanje. Priložnost za uresničevanje in pregled uresničevanja Okvirja za sodelovanje je tudi Dan Afrike. Nerezidenčne akreditacije omogočajo pripravo konkretnega večletnega načrta sodelovanja in opredelitev ciljev posameznega mandata.

Posebno pozornost velja nameniti delovanju v okviru EU, kjer naj bo Slovenija eden od bolj dejavnih, vidnih in naprednih sooblikovalcev politik. Svojo vidnost naj Slovenija gradi tako prek političnega dialoga EU s Podsaharsko Afriko kot z uporabo instrumentov EU. Prihajajoče predsedovanje Slovenije Svetu EU velja izkoristiti za večjo vidnost v Afriki in obenem za okrepljeno vpetost v politike in instrumente EU.

III. Države okrepljene pozornosti

Južna Afrika

Je prva naravna izbira za krepitev sodelovanja na političnem, gospodarskem in znanstvenem področju.

Razvit je politični dialog in multilateralno sodelovanje, prav tako gospodarsko in znanstveno sodelovanje. Slovenija v Južni Afriki sicer ni akreditirana (ukaz o odprtju veleposlaništva je bil izdan 1996, a nikoli realiziran), vendar je Južna Afrika edina država, s katero imamo vzajemna častna konzula. Južna Afrika je država, s katero posluje največ slovenskih podjetij, tudi obseg gospodarske menjave je največji. Sklenjenih je 7 meduniverzitetnih dogovorov.

Kot država G20 in BRICS je Južna Afrika netipična država Podsaharske Afrike, a obenem referenčna za razumevanje regije in eden glavnih političnih in gospodarskih dejavnikov Podsaharske Afrike. Njeni indeksi razvoja in upravljanja jo uvrščajo v skupino najbolj zanesljivih morebitnih partnerjev. Je tudi država Podsaharske Afrike z največjo gostoto inovacijskih središč in je nad svetovnim povprečjem po uporabi interneta, mobilnih telefonov in socialnih omrežij.

Visoka stopnja vlaganja v znanost in izgradnja lastnih znanstvenih kapacitet omogočata tesnejše sodelovanje na različnih področjih, vključno s širšim področjem prehranske varnosti.

Zelenortski otoki

Dosedanje sodelovanje je temelj za nadgradnjo političnega in razvojnega sodelovanja ter za sodelovanje na področju znanosti in okolja.

So ena od dveh držav Podsaharske Afrike, kjer je Slovenija prisotna z nerezidenčnim veleposlanikom. Vzpostavljen in institucionaliziran je bilateralni politični dialog na ravni generalnih (političnih) direktorjev, ki ga je potrebno oživiti. Sklenjen je sporazum o razvojnem sodelovanju, na Zelenortskih otokih je izveden tudi največji slovenski razvojni projekt (telemedicina) – zastavljen tako, da omogoča nadgradnjo in prenos v druge države. Podpisan je tudi sporazum o meduniverzitetenem sodelovanju. Državi sta sodelovali v okviru Green Group in imata podobne poglede o večini aktualnih multilateralnih tem. Gospodarsko lahko predstavlja most za nastop slovenskih podjetij v zahodni in luzofonski Afriki.

Odločitev o okrepitvi odnosov z Zelenorstskimi otoki sega v obdobje po predsedovanju Slovenije Svetu EU leta 2008, ko je Slovenija redni dialog med EU in Zelenortskimi otoki dvignila na ministrsko raven.

Zelenortski otoki so luzofonska država in dobra poznavalka regije, ki je angažirana v procesih regionalne integracije (ima tudi sedež regionalnega centra za obnovljive vire energije). So stalnica na vrhu lestvic dobrega upravljanja in človekovih pravic. So nad svetovnim povprečjem po uporabi interneta, mobilnih telefonov in socialnih omrežij. Visoka je tudi stopnja vpisa na srednje šole in univerze. Soočajo se z okoljskimi izzivi (voda, gozdovi), za katere ima Slovenija ustrezno znanje.

Nigerija

Interes gospodarstva narekuje okrepitev političnega in konzularnega sodelovanja ter odpira priložnosti na področju okolja, razvojnega sodelovanja, humanitarne pomoči.

Z Nigerijo je vzpostavljen politični dialog, ki je sledil predsedovanju Slovenije Svetu EU 2008, ko je Slovenija premostila večletno blokado dialoga na ministrski ravni in utrla pot sklenitvi tesnejšega partnerstva med EU in Nigerijo (A Joint Way Forward, 2009). Gospodarsko sodelovanje se krepi ob izrecno izraženem interesu slovenskega gospodarstva za prodor na nigerijski trg. Gospodarska menjava narašča, dejavna je Slovensko-nigerijska gospodarska zbornica. Čeprav članica skupine G20, je Nigerija zahteven partner, tako zaradi svoje velikosti in raznolikosti kot zaradi kronično slabega upravljanja. Podpora slovenskemu gospodarstvu, ki želi vstopiti na nigerijski trg, je potrebna.

Nigerija razvija številna inovacijska središča, ki imajo širše regionalne razsežnosti. Je nad svetovnim povprečjem po uporabi interneta, mobilnih telefonov in socialnih omrežij. Med okoljskimi izzivi je tudi naraščajoča izguba gozdnih površin.

Hiter gospodarski razvoj z juga države ne seže na sever, kjer varnostne grožnje in humanitarna kriza kličejo k ukrepanju mednarodne skupnosti. Za Slovenijo so to predvsem vključevanja v multilateralne programe in projekte.

Kot sedež ECOWAS je Nigerija tudi pomembno regionalno središče Zahodne Afrike.

Etiopija

Ob vzpostavitvi rednega bilateralnega političnega dialoga se ponujajo zlasti gospodarske in okoljske priložnosti, pa tudi na področju razvojnega sodelovanja in znanosti.

Slovenija je v Etiopiji dve leti prisotna z nerezidenčnim veleposlanikom, vendar je politični dialog še v povojih. Nerezidenčna akreditacija je priložnost in zaveza za uvrstitev med države okrepljene pozornosti ter za oblikovanje konkretnega in nekajletnega načrta sodelovanja. Etiopija je multilateralno središče Afrike, saj je v Adis Abebi sedež Afriške unije, Ekonomske komisije OZN za Afriko ter največjega števila diplomatsko-konzularnih predstavništev na afriški celini. Gre za vodilno in stabilno državo na Rogu Afrike, ki ima odločilen vpliv tako na AU kot IGAD (politika do Somalije, J. Sudana, vprašanje migracij) Nerezidenčna akreditacija v Etiopiji in obenem pri Afriški uniji omogoča ustrezno raven predstavljanja Slovenije v okviru formalnega dialoga med EU in skupino afriških, karibskih in pacifiških (ACP) držav, ki so podpisnice Cotonoujskega sporazuma. Gospodarsko sodelovanje tako po obsegu kot po številu podjetij omogoča krepitev. Možnosti so predvsem na področju kmetijstva (tudi čebelarstvo!) in pridelave hrane, energetike, gradbeništva in okolja.

Etiopija se sooča z velikimi okoljskimi izzivi, katerih posledice se odražajo na prehranski varnosti in dostopu do čiste pitne vode. Gospodarska rast te stomilijonske in v nekaj desetletjih dvestomilijonske države temelji na izvozu surovin in storitvenem sektorju, uvozno pa predstavlja vse večji in privlačnejši trg. Je med državami Podsaharske Afrike, v katerih se upravljanje sicer počasi, a stabilno izboljšuje. Kljub izzivom je relativno visoka tudi stopnja varnosti. Etiopija je sicer med najmanj razvitimi državami sveta (LDCs), vendar razvojno pomoč uporablja učinkovito. Pravna država in demokratične reforme ostajajo izziv;nizka stopnja spoštovanja človekovih pravic in enakosti spolov Etiopije ne uvršča med Sloveniji podobno misleče, kar oža možnosti sodelovanja v multilateralnem okviru.

IV. Dosedanje sodelovanje Slovenije z državami Podsaharske Afrike

Sodelovanje Slovenije z državami Podsaharske Afrike je skromno in razpršeno, to je osnovna ugotovitev, ki izhaja iz pregleda dosedanjega sodelovanja (*Slovenija in države Podsaharske Afrike – Pregled dosedanjega sodelovanja)*. Po posameznih področjih pa vendarle lahko izpostavimo nekatere države:

Politični dialog in multilaterala: *Južna Afrika, Nigerija, Zelenortski otoki, Etiopija, Gana, Senegal, Tanzanija*

Bilateralni stiki med Slovenijo in državami Podsaharske Afrike so občasni, razpršeni in prevladujoče na pobudo afriške strani – z izjemo dveh obdobij: obdobje, vezano na predsedovanje Svetu EU leta 2008, in obdobje priprav na kandidaturo za nestalno članico VS OZN (2012-2013) v letu 2010 in 2011. Redni politični dialog je bil vzpostavljen z Južno Afriko, Nigerijo in Zelenortskimi otoki, z vsemi tremi je po letu 2012 oslabil. Slovenija je nerezidenčno akreditirana na Zelenortskih otokih in v Etiopiji.

Na multilateralnem področju je več sodelovanja z Gano, Senegalom, Tanzanijo in Južno Afriko.

Gospodarsko sodelovanje: **Južna Afrika, Kamerun, Etiopija, Kenija, Mavricij, Gana, Nigerija.**

Gospodarsko sodelovanje postopno in blago narašča. Je skromnega obsega in razpršeno. Slovenski podjetniki so prisotni v večini držav Podsaharske Afrike, posli pa so večinoma manjši. Izjema je Južna Afrika: z njo sodeluje nad 100 slovenskih podjetij, po obsegu gospodarske menjave – tako uvoza kot izvoza – pa je več let na vrhu lestvice. Pri prodiranju na nigerijski trg je v podporo podjetjem Slovensko-nigerijska gospodarska zbornica. Države, ki imajo (po obsegu menjave, uvoza, izvoza, indeksa rasti, številu podjetij) potencial trajnejših gospodarskih partnerstev: Južna Afrika, Kamerun, Etiopija, Kenija, Mavricij, Gana, Nigerija.

Med uvozom izstopajo surovine, med izvoznimi sektorji pa prevladuje gradbeništvo. Potenciali so tudi na področju energetike (vodne elektrarne), ICT, kemične industrije, avtomobilske industrije, igralništva, zdravstva in farmacije. Znotraj sektorja storitev prevladujejo grafične in dokumentacijske storitve ter inženirsko svetovanje (geologija, biotehnologija).

Razvojno sodelovanje in humanitarna pomoč: **Zelenortski otoki, Ruanda, Uganda, Burundi**

Edina programska država v Podsaharski Afriki so Zelenortski otoki, s katerimi ima Slovenija sklenjen Sporazum o razvojnem sodelovanju od leta 2010. Dvostransko razvojno sodelovanje – z izjemo Zelenortskih otokov – izvajajo predvsem nevladne organizacije. Vsebinsko se osredotočajo na dostop do izobraževanja in dobrobit otrok, opolnomočenje žensk, dostop do pitne vode in prehranske varnosti ter dostop do zdravstvenih storitev. Humanitarno pomoč nudi Slovenija prek mednarodnih organizacij, vsebinsko težišče je na prehranski varnosti.

Pretok znanja: **Južna Afrika, Zelenortski otoki, Namibija, Kamerun, Gana**

Meduniverzitetno sodelovanje je formalizirano z univerzami v petih državah Podsaharske Afrike (Južna Afrika, Zelenortski otoki, Namibija, Kamerun, Gana). Raziskovalni projekti so po letu 2002 potekali z 9 državami Podsaharske Afrike (6 projektov: Južna Afrika; po 2 projekta:

Bocvana, Etiopija, Kenija, Namibija, po 1 projekt: Gana, Malavi, Senegal, Uganda). Vsebinsko težišče je na prehranski varnosti.

Mobilnost študentov je nizka, mobilnosti akademskega osebja ni. Evropska programa Erasmus+ in Horizont 2020 sta osrednja instrumenta sodelovanja na področju znanja.

V. Države Podsaharske Afrike na lestvicah globalnih indeksov

Gospodarsko je Podsaharska Afrika vezana na svetovne cene surovin in IMF napoveduje, da se bo zaradi padca teh cen upočasnila tudi gospodarska rast v državah Podsaharske Afrike.

Predlog je pripravljen na podlagi uradnih podatkov, dostopnih do maja 2016. Izbor podatkov je sestavljen tako, da nudi referenčni okvir za iskanje novih priložnosti in morebitnih stičnih točk med Slovenijo in državami

---

Nekatere skupne značilnosti držav Podsaharske Afrike:

- Visoka stopnja uporabe in pospešen razvoj informacijsko-komunikacijskih tehnologij;
- Trend urbanizacije je hitrejši od zagotavljanja osnovne infrastrukture in dostopa do družbenih storitev;
- Pomanjkanje lastnih zmogljivosti za pridobivanje podatkov (statistični uradi);
- Podnebne spremembe in okoljske krize so v Podsaharski Afriki izrazitejše kot drugod. Značilnost teh kriz je njihova čezmejnost in s tem povezana omejenost posameznih držav za samostojno ukrepanje. Okolje je tako eden ključnih pospeševalcev regionalne integracije.

Podsaharske Afrike.

Tabela 1. Ključni kazalniki na treh tematskih področjih

UUPRAVLJANJE	✓ dobro upravljanje (Ibrahim Mo Index); ✓ varnost in vladavina prava (Ibrahim Mo Index); ✓ participacija in človekove pravice (Ibrahim Mo Index); ✓ trajnostne gospodarske priložnosti (Ibrahim Mo Index); ✓ človekov razvoj (Ibrahim Mo Index); ✓ korupcija (Transparency International); ✓ miroljubnost – družbena varnost, konflikti, militarizacija (Global Peace Index); ✓ dostopnost podatkov (Open Data Barometer); ✓ znanost (Svetovna banka);
GOSPODARSKO OKOLJE	✓ obseg gospodarstva in gospodarska rast (Svetovna banka); ✓ poslovno okolje – ustanovitev podjetja, vpis lastnine, gradbena dovoljenja, priklop elektrike, uveljavljanje pogodb (Svetovna banka); ✓ dostop do vode, sanitarne ureditve, elektrike (Svetovna banka); ✓ urbanizacija (Svetovna banka); ✓ inovacijska središča (Fab Foundation); ✓ uporaba mobilnih telefonov (Svetovna banka); ✓ uporaba interneta (Svetovna banka), ✓ uporaba facebooka (Internet World Stats); ✓ izobrazba – vpis na srednje šole in na univerze (Svetovna banka); ✓ odvisnost od razvojne pomoči (Svetovna banka);
OKOLJE	✓ vodni viri in dostop do vode (Svetovna banka); ✓ gozdovi in stopnja deforestacije (Svetovna banka); ✓ obnovljivi viri energije (Svetovna banka); ✓ CO_2 izpusti (Svetovna banka); ✓ zaščitena kopenska in morska območja (vsi Svetovna banka).

Osnovni vir podatkov je Svetovna banka, za Afriko pa je relevanten tudi Ibrahim Mo Index, ki ga letno pripravlja fundacija Ibrahim Mo.

<u>Upravljanje</u>: **Mavricij, Zelenortski otoki, Bocvana, Južna Afrika, Namibija, Sejšeli, Gana**

Upravljanje je še vedno največji izziv, ki bremeni tako gospodarski kot družbeni razvoj, zgoraj naštete države so uspešne pri vseh kazalnikih, vključno z vladavino prava, družbenim vključevanjem in človekovimi pravicami.

Bocvana je država z nizko toleranco korupcije, ki je v večini držav Podsaharske Afrike visoka in jo dodatno krepijo izbruhi nalezljivih bolezni in porast terorizma. V zadnjih letih je poslovna tveganja uspelo znižati Senegalu, ki pa je počasen pri človekovem razvoju (blaginja, izobraževanje, zdravstvo). Dobro upravljanje se odslikava tudi pri globalnem indeksu miru (nasilje, konflikti, orožje), po katerem za razmeroma miroljubne veljajo Mavricij, Bocvana, Namibija, Senegal, Malavi, Gana, Zambija, Sierra Leone in Lesoto.

Po vseh kazalnikih se visoko uvršča Gana, ki v zadnjih letih doživlja opazen družbeni razvoj, vključno z dostopom do informacij, družbenimi omrežji in vlaganjem v človeške vire (izobraževanje, znanost, spodbujanje kreativnosti).

<u>Znanost</u>: vse države Podsaharske Afrike so pod svetovnim povprečjem po odstotku GDP, ki ga država vloži v raziskave in razvoj. Nad povprečjem Podsaharske Afrike, ki je 0,55% so **Kenija, Južna Afrika, Mali, Etiopija** in **Gabon,** blizu je **Senegal**.

<u>Gospodarsko okolje</u>: **Južna Afrika, Nigerija, Gana, Kenija**

Gospodarska rast: za leto 2014 je bilo povprečje Podsaharske Afrike 4,4%, seznam prvih treh držav razkriva, da je gospodarska rast vezana na izvoz surovin: Etiopija, DR Kongo, Slonokoščena obala. Teh držav tudi ni na seznamu tistih, ki okrepljeno vlagajo v lasten razvoj in v katerih je največ inovacijskih središč: Južna Afrika, Gana, Kenija, Nigerija.

Ustanovitev podjetja je po številu postopkov, potrebnem času in stroških najlažja v Burundiju, Senegalu, na Mavriciju, Sao Tome in Principe ter v Liberiji.

Uporaba interneta in mobilnih telefonov je v izrazitem porastu. Več kot en mobilni telefon imajo prebivalci Gabona, Bocvane, Sejšelov, Južne Afrike, Malija, Mavricija, Zelenortskih otokov, Gambije, Gane, Namibije, Konga in Slonokoščene obale.

V Podsaharski Afriki pa ima mobilni denarni račun 12% odraslih (64 milijonov ljudi) in 45% med njimi ima izključno ta račun, ki omogoča in spodbuja finančno vključenost. Na svetu uporablja izključno mobilni denarni račun le 1 odstotek ljudi, ima pa ga 2% prebivalcev sveta.

Nad svetovnim povprečjem v uporabi interneta so Sejšeli, Južna Afrika, Kenija, Nigerija, Mavricij, visoka je uporaba tudi na Zelenortskih otokih. Nigerija in Južna Afrika imata tudi visok odstotek uporabe facebooka.

Za gospodarski razvoj so relevantni tudi posamezni trendi v družbenem razvoju:

Izobrazba: **Mavricij, Zelenortski otoki, Bocvana, Gana**

več kot polovica otrok se v srednjo šolo vpiše na Mavriciju, Zelenortskih otokih, Sao Tome in Principe, Sejšelih, v Gani, Kamerunu, Beninu in Lesotu. Več kot 15% pa se jih na univerzitetni študij vpise na Mavriciju, v Bocvani, na Zelenortskih otokih in v Gani.

Urbanizacija: **Ruanda, Burkina Faso, Burundi**

Pospešena in nenadzorovana urbanizacija je značilna za celotno območje Podsaharske Afrike, najhitrejša je v Ruandi, Burkini Faso, Burundiju, ki ima tudi najnižji odstotek urbanega prebivalstva. V Južnem Sudanu in Srednjeafriški republiki prek 90% mestnih prebivalcih živi v slumih.

Mednarodna razvojna pomoč je manjša od 1% GNI v **Ekvatorialni Gvineji, Južni Afriki**, na **Mavriciju**, v **Nigeriji, Bocvani**, na **Sejšelih**, v **Gabonu** in **Kongo**. Odvisnost pa je najizrazitejša v Liberiji, Srednjeafriški republiki, Malaviju, Somaliji in Sierra Leone, kjer donatorska sredstva predstavljajo več kot petino GNI.

Okolje: **Senegal, Mavretanija, Mali, Somalija, Zelenortski otoki, Sudan**

Največji okoljski izzivi so povezani z vodo in gozdovi.

Države, ki na leto izgubijo več kot 1% gozda: Togo, Nigerija, Uganda, Mavretanija, Zimbabve, Čad, Mali, Komori, Somalija. Na isti ravni ali celo povečevati gozdne površine pa uspeva Ruandi, Burundiju, Keniji, Lesotu, Zelenortskim otokom, Gambiji, Gani, Gabonu, Sierri Leone, Slonokoščeni obali, Džibutiju, Sejšelom, Južni Afriki, Južnemu Sudanu, Srednjeafriški republiki. Senegal je med pobudniki projekta Zeleni zid Sahare tudi najbolj dejaven na področju pogozdovanja.

Vodni viri so neenakomerno razporejeni in se spreminjajo. Izsuševanje Čadskega jezera je hitro in neustavljivo, rodovitnost novo pridobljene zemlje pa omogoča porast ekološkega kmetijstva. Največje pomanjkanje vode je v Sudanu in Mavretaniji. Dostop do vodnih virov je v mestih najnižji v Sudanu, Mavretaniji in Somaliji, na podeželju pa v Somaliji, Angoli, DR Kongu. Poraba vode v kmetijstvu presega 90% letno načrpane vode: Somalija, Madagaskar, Mali, Svazi, Sudan, Eritreja, Etiopija, Senegal, Mavretanija, Zelenortski otoki.

OKVIR ZA SODELOVANJE REPUBLIKE SLOVENIJE S PODSAHARSKO AFRIKO

Zasnovala in pripravila Ana Novak, pooblaščena ministrica, Ministrstvo za zunanje zadeve, 2016

Zunanjepolitično težišče Slovenije je zgodovinsko povezano z dogajanji, ki so zaznamovali njeno soseščino. Vojne na območju nekdanje Jugoslavije in dolgotrajni pokonfliktni procesi na eni strani ter vključevanje v evroatlantske integracijske procese na drugi so terjali pozornost in angažma.

Po nestalnem članstvu v Varnostnem svetu OZN v obdobju 1998/99, s članstvom Slovenije v EU, Natu in OECD, nato pa še z njenim predsedovanjem Svetu EU leta 2008, se je na soseščino osredotočeni pogled razširil na geografska in tematska težišča EU. Ta se prilagajajo spremenjenemu mednarodnemu okolju in sodobni zunanjepolitični agendi, zlasti novim varnostnim izzivom, pojavu novih, hitro rastočih trgov in tudi globalnim izzivom, ki terjajo skupno obravnavanje: trajnostnemu razvoju, globalnemu zdravju, podnebnim spremembam in migracijam.

Slovenija je v svetovnem merilu ena najbolj varnih in razvitih držav, indeks človekovega razvoja je visok, zavest, da varnost in blaginja nista samoumevni, pa razvita. Slovenija se zaveda tudi svoje globalne odgovornosti. Ta spoznanja narekujejo angažirano zunanjo politiko in živahno delovanje v multilateralnem sistemu globalnega odločanja.

Zunanja politika je usmerjena v zagotavljanje varnega in stabilnega mednarodnega okolja in enakopravnega svetovnega razvoja, krepi odprtost države ter s tem podpira gospodarstvo in posledično blaginjo njenih prebivalcev.

Pospešena in poglabljajoča se globalizacija pomeni, da je boljše življenje naslednjim generacijam mogoče zagotoviti le z učinkovitim globalnim upravljanjem, z vzpostavljanjem standardov in norm, ki bodo omogočali mir, stabilnost in blaginjo v svetu.

Vodilo pri oblikovanju okvira za sodelovanje Slovenije s Podsaharsko Afriko so Deklaracija o zunanji politiki Republike Slovenije (2015), strateški dokument zunanje politike Republike Slovenije (Slovenija: varna, uspešna in v svetu spoštovana, 2015) in dosedanji angažma Slovenije pri graditvi odnosov z Podsaharsko Afriko.

I. Izhodišče

Osnovno izhodišče Slovenije je odgovornost države za lastni razvoj in skupna odgovornost za globalni razvoj. Agenda za trajnostni razvoj do leta 2030, Akcijski načrt iz Adis Abebe, Sendajski okvir za zmanjševanje tveganja nesreč 2015–2030 in Pariški podnebni sporazum so dragocena globalna soglasja in usmerjajo, kako skupaj in posamično graditi in ohranjati varnost in blaginjo celotnega sveta. Slovenija in države Podsaharske Afrike si skupaj prizadevamo, da bi vsem ljudem zagotovili dostojno, uspešno in polno življenje, krepili miroljubne, pravične, vključujoče in odporne družbe ter omogočali na znanju temelječ trajnostni razvoj.

Skupno nam je tudi razumevanje, da trajnostnega razvoja ni brez miru, dobrega upravljanja, demokracije, spoštovanja človekovih pravic in vladavine prava. Zato Slovenija zagovarja in podpira predvsem lastna prizadevanja Afrike za trajnostni razvoj in prioritete, opredeljene v Agendi 2063 za razvoj Afrike, s katerimi bo svojim prebivalcem zagotavljala mir in blaginjo.

Slovenija z zanimanjem spremlja krepitev vloge Podsaharske Afrike v globalni družbi. Gospodarska rast, hitra urbanizacija, digitalizacija in razvoj informacijskih in komunikacijskih tehnologij spodbujajo razvoj in privabljajo nove vlagatelje.

V Afriki prihaja do pomembnih geostrateških premikov in slovenska zunanja politika dejavno prispeva tudi pri oblikovanju skupne zunanje in varnostne politike EU do teh vprašanj. Svoje delovanje Slovenija osredotoča na prednostna področja in prednostne poti sodelovanja.

II. Vsebinska težišča

Vsebinska težišča sodelovanja s Podsaharsko Afriko temeljijo na prednostnih področjih in dejavnostih slovenskega angažmaja v mednarodnem okolju. Sledijo načelom in ciljem trajnostnega razvoja in se osredotočajo na področja, ki jih Slovenija vidi kot svojo dodano vrednost in tako tudi kot izhodišče za sodelovanje z državami Podsaharske Afrike.

Mir in varnost

Sodobni varnostni izzivi so zrcalo globalne družbe, katere osrednja značilnost so pospešeni in okrepljeni stiki na vseh ravneh. Intenziteta komunikacije, ki je praktično onemogočila izolacijo, poleg prednosti nujno prinese tudi napetosti, razkrije nasprotja, zaostri konflikte in spremeni priložnosti. Vse to vpliva na identiteto, okolje in gospodarstvo. Ljudje smo si bližje, a vendar se pri tem kulturne razlike in lokalne identitete ne brišejo.

Slovenija pojmuje mir in varnost celovito: od negovanja političnega dialoga, dobrih praks na lokalnih ravneh in prenašanja njihove univerzalne vrednosti prek podpore na področju **preprečevanja konfliktov** do izostritve političnega posluha za ravnotežje med nudenjem podpore in spoštovanjem odgovornosti ter do uresničevanja koncepta "odgovornost zaščititi". Razumevanje, kako preprečiti (ponovni) konflikt in nasilje, je eden ključnih izzivov sodobne družbe in ena temeljnih nalog diplomacije.

Mir je nepogrešljiv, brez njega ni mogoče doseči stopnje zaupanja, sodelovanja in vključenosti, ki je potrebna za odzivanje na sodobne izzive in za krepitev mednarodnih institucij in organizacij, ki jih prav tako potrebujemo za obravnavanje teh vprašanj. Slovenija verjame v nujnost in smisel **učinkovitega multilateralizma**. Zagovarja soodvisnost miru in varnosti, razvoja in spoštovanja človekovih pravic. Tudi Agenda 2030 odraža naraščajoče globalno priznavanje, kako pomembno je prepoznati in negovati gonila miru.

Izzivi in težave so univerzalni in globalni, rešitve pa so trajnostne le, če so posamične, lokalne in vključujoče. Nujni temelj za trajno preprečevanje konfliktov je predvsem krepitev družbene odpornosti. Skladno s tem Slovenija podpira mirovna prizadevanja Afrike in njenih regionalnih organizacij ter zagovarja krepitev afriških zmogljivosti. Prav zaradi lastnih naporov in okrepljene mednarodne podpore se je število oboroženih konfliktov v Afriki zmanjšalo.

Mir na afriški celini je v vitalnem interesu Slovenije, ki k njegovemu ohranjanju prispeva z razvijanjem dobrih bilateralnih odnosov, delovanjem v multilateralnih organizacijah, tudi s prizadevanji za njihovo posodobitev, ter z udeležbo **v mednarodnih mirovnih operacijah in misijah**. Slovenija posebno pozornost namenja uspešnemu **razminiranju**, vprašanjem človekove varnosti, **enakosti spolov, vlogi žensk** pri zagotavljanju miru in varnosti ter zaščiti ranljivih skupin, kot so **otroci**.

Upravljanje in človekove pravice

Sodobno mednarodno skupnost zaznamujejo naraščajoča medsebojna povezanost, spremenjena narava varnostnih groženj in naraščajoča vloga nedržavnih akterjev. Vse tri značilnosti kličejo k skupnemu ukrepanju na globalni ravni in vzpostavitvi **globalnega upravljanja** na več področjih: miru in varnosti, okolja in prehranske varnosti, gospodarske integracije, zdravja.

Slovenija se je oblikovala na zavzemanju za spoštovanje človekovih pravic in tako tudi v svoji zunanji politiki zagovarja pristop, ki temelji na človekovih pravicah in na za vse enakem pristopu do univerzalnih človekovih pravic. Zaveda se njihovega pomena na ravni posameznika in na globalni ravni ter njihove univerzalnosti in nedeljivosti. Zagovarja dialog in posebno pozornost namenja **izobraževanju za človekove pravice**.

Temelj miru so tudi odprte, učinkovite in odgovorne institucije, ki spodbujajo vključujoč razvoj. Takšne institucije ustvarjajo okolje, ki pospešuje rast zasebnega sektorja, zmanjšuje revščino, zagotavlja ljudem potrebne storitve in uživa njihovo zaupanje. Slovenija pri tem posebno pozornost namenja osnovnim infrastrukturnim sektorjem (gozdovi, voda, sanitarna ureditev, energija, transport, urbanizem), ki so občutljivi na demografske procese.

Pospešena globalizacija, informacijske tehnologije in okrepljena, živahna civilna gibanja terjajo od institucij transparentnost, odgovornost in boljše storitve ter ponujajo priložnosti za oblikovanje močnejšega in trajnejšega sistema od lokalne do globalne ravni. Vladavina prava in **krepitev vloge žensk** imata v zunanjepolitičnem delovanju Slovenije posebno mesto.

V zgodovini obeh celin so zapisani družbeni prevrati, občasne gospodarske krize, vojne in vojna hudodelstva, tudi genocid. Slovenija je v dobrem desetletju, torej v manj kot generaciji, izkusila sobivanje v večnacionalni družbeni entiteti, njeno dezintegracijo, vzpostavitev lastne nacionalne suverenosti in pospešeno regionalno integracijo. Sveže pridobljena suverenost je ni odvrnila od političnega premisleka in soglasja, da sta regionalna integracija in učinkoviti politični multilateralizem prava odgovora za zagotavljanje varnost in trajnostnega razvoja.

Učinkovite institucije in vladavina prava na nacionalni in mednarodni ravni so predpogoj za uresničevanje univerzalnih vrednot in načel demokracije, dobrega upravljanja, človekovih pravic in pravice do razvoja. Načela, zapisana v Afriški listini o demokraciji, volitvah in upravljanju, so naš skupni jezik, na katerem gradimo prihodnost.

Mednarodno pravo Slovenija razume kot vrednoto, obveznost in interes, **mednarodna kazenska sodišča** pa kot rezultat soglasja, da grozodejstva ne smejo ostati nekaznovana. Zaradi izkušenj v državah svoje soseščine Slovenija trdno verjame, da je pomen mednarodnih sodišč in tribunalov tudi v njihovem temeljnem načelu komplementarnosti ter v doslednem uresničevanju zaveze k nepristranskosti in neusmerjenosti.

Okolje in podnebne spremembe

Vključevanje okoljskih tem je v mednarodne odnose vneslo novo razsežnost in kvaliteto. Izpostavile so vlogo znanosti in znanja v mednarodnih odnosih ter vlogo nevladnega sektorja na nacionalni in globalni ravni. Razprave o odnosu med trgovino in okoljem so prispevale, da so dogovori o globalnem upravljanju in standardih vstopili v živahni multilateralni svet mednarodnih odnosov. Podnebne spremembe in svetovna kriza hrane mednarodno pozornost usmerjajo k ustvarjanju dolgoročnih strategij.

Živimo v svetu resnih in razširjenih okoljskih problemov, ki je obenem svet številnih mednarodnih sporazumov, organizacij, partnerstev, mrež in pobud. Spreminjajo se načela solidarnosti, vzpostavljajo nove statusne oblike. Prepletenost varnostnih, okoljskih, gospodarskih, razvojnih in drugih politik ter pomen skladnosti teh politik vzpostavljajo novo vlogo **okoljske diplomacije** za uresničevanje Agende 2030.

Slovenija z ustavo zagotavlja pravico do zdravega življenjskega okolja ter do dostopa do pitne vode. Razume, da resnična prehranska varnost pomeni zadostno pridelavo hrane za vse, kar lahko dosežemo le z odgovornim in gospodarnim odnosom do okolja na vseh ravneh. **Voda** kot bistveni predpogoj zagotavljanja prehranske varnosti je integralni del odgovorov na globalne izzive, obenem pa je polje, kjer lahko gojimo dobre družbene, gospodarske in okoljske prakse. Znanje in primerjalne prednosti Slovenije so predvsem na področju **gozdarstva, upravljanja z vodami** in **prehranske varnosti**.

Podnebne spremembe niso le vprašanja vremenskih skrajnosti in dviga morske gladine. So človeški problem in koreninijo v družbenih institucijah in kulturnih navadah. So tudi najresnejši preizkus globalne politične modrosti. Z okoljskimi izzivi se pogosto najprej soočajo ženske in Slovenija se zavzema za to, da se bo vloga žensk v oblikovanju in izvajanju politik okrepila.

Za uspešno odzivanje na okoljske krize, ki so najhujše v Afriki, in na podnebne spremembe so nujne preudarne politike, ki krepijo družbeno odpornost in temeljijo na **znanosti, raziskavah in inovacijah, pri čemer slednje nujno potrebujejo zanesljivo in stabilno financiranje**.

III.   Uresničevanje

Zunanja politika Slovenije uresničuje svojo globalno odgovornost in solidarnost predvsem v multilateralnih okvirih. Hitra sposobnost odzivanja in prilagajanja spremembam je kvaliteta, ki predvsem v multilateralnem svetu omogoča boljšo vidnost in prepoznavnost, obenem pa tudi uveljavljanje interesov in vrednot.

Tako tudi odnose z državami Podsaharske Afrike Slovenija razvija predvsem v **multilateralnem** okviru. V multilateralnem prostoru Slovenija prisluhne partnerjem in posebno pozornost namenja upoštevanju raznolikosti Podsaharske Afrike, v okoljskem, družbenem in gospodarskem smislu. Izjemen potencial za sodelovanje ponuja okvir OZN, ki je prostor za obravnavanje skupnih vprašanj in pobud ter ponuja in spodbuja širino tematskega pogleda: od miru in varnosti, migracij, prehranske varnosti in okoljskih izzivov do globalnega upravljanja. Slovenija si prizadeva za učinkovitejšo koordinacijo multilateralnega sistema tako na njegovih sedežih kot na terenu.

V **okviru Evropske unije** Slovenija spodbuja krepitev političnega dialoga in institucionalnega okvira sodelovanja med Unijo in Afriko.

Mednarodno **razvojno sodelovanje in humanitarna pomoč** sta pomembni sestavini slovenske zunanje politike. Pomenita izraz solidarnosti in interesa, saj posledice neenakopravnega in neuravnoteženega razvoja ter kriz ogrožajo mir, varnost in stabilnost v svetu. Članstvo v EU in mednarodnih organizacijah Sloveniji omogoča, da tudi svoje razvojno sodelovanje in humanitarno pomoč usmerja predvsem prek multilateralnih kanalov. Posebno pozornost namenja tudi sodelovanju z regionalnimi organizacijami in institucijami.

Dobri **bilateralni odnosi** prispevajo močnejši glas v globalnem upravljanju. Dvostranske odnose z državami Podsaharske Afrike Slovenija razvija tudi v okviru in ob robu multilateralnih forumov. Sorodnost stališč o globalnih temah in bližina v multilateralnem prostoru spodbujata dialog in lajšata razvijanje tesnejših dvostranskih odnosov.

Krepitev dvostranskih odnosov z državami Podsaharske Afrike temelji na skupnih interesih in možnostih sodelovanja. Podpora gospodarstvu je eden od stebrov slovenske zunanje politike. Iskanje novih trgov tudi na afriški celini je namreč usmeritev, ki izhaja iz strateškega dokumenta zunanje politike Republike Slovenije. Stalnica dialoga z afriškimi državami sta konzularna zaščita in vizno poslovanje, tudi kot podpora okrepljenemu **gospodarskemu sodelovanju**.

Pretok znanja je dejavnik, ki prispeva k boljšemu razumevanju, tesnejšim odnosov in omogoča večji sinergični učinek v multilateralnem prostoru. Razvoj in uporaba informacijsko-komunikacijskih tehnologij ter uporaba družbenih omrežij imajo pri tem odločilno vlogo. Odgovori na večino sodobnih izzivov niso možni brez znanosti, ki tako postaja nepogrešljivi del mednarodnih odnosov. Zato Slovenija tako dvostransko kot večstransko spodbuja sodelovanje z državami Podsaharske Afrike tudi na področju znanosti.

IV.   Sklep

Slovenska politika do Podsaharske Afrike temelji na globalni odgovornosti in na lastnem interesu. Globalno odgovornost uresničuje Slovenija z razvojnim sodelovanjem, humanitarno pomočjo in proaktivnim multilateralnim delovanjem. Svoje interese uveljavlja predvsem v okviru in prek politik EU do Podsaharske Afrike, na tej podlagi gradi tudi svoje dvostranske odnose in prisotnost v tamkajšnjih državah. Dosedanja prizadevanja Slovenije odražajo njene zmogljivosti, njeno vpetost v mednarodni prostor in njeno dodano vrednost v globalni družbi.

Okvir za sodelovanje Slovenije s Podsaharsko Afriko je podlaga, ki omogoča izbiro najprimernejših oblik delovanja in sodelovanja. Omogoča premislek, kako tudi v prihodnje kar najbolje uporabiti svoja znanja in sredstva ter kakšna partnerstva graditi. Ta okvir je torej tudi izhodišče, ki usmerja korake in postopke, ki vodijo h krepitvi bilateralnih odnosov in doseganju zunanjepolitičnih ciljev Slovenije.

ELEMENTI STRATEGIJE ZUNANJE POLITIKE REPUBLIKE SLOVENIJE "V SVETU UVELJAVLJATI VARNOST, BLAGINJO IN UGLED REPUBLIKE SLOVENIJE IN NJENIH LJUDI"

Ministrstvo za zunanje zadeve, Ljubljana, 2015

Ključna sporočila

• **Mir, varnost, blaginja, urejeni dvostranski odnosi, močna EU in močan multilateralni sistem ter prepoznavnost Slovenije** so temeljni cilji slovenske zunanje politike.

• Republika Slovenija je tudi v svetovnem merilu ena najbolj varnih držav, vendar ta **varnost** ni samoumevna in zahteva dejavno zunanjo politiko RS, ki se odziva na **spreminjajoče se mednarodno in varnostno okolje. Nato** je temeljni okvir nacionalne varnosti RS. *[…]*

• Med politikami EU je z razvojnega vidika za RS posebnega pomena **vključevanje RS v vseevropsko prometno omrežje**, ki je tesno povezano z našo središčno geografsko lego, s **koprskim pristaniščem in navezavo na prometno os Baltik–Jadran**, s tem pa z našim mestom v **alpsko-jadransko-podonavskem prostoru, v Srednji Evropi in Sredozemlju**. Ta geopolitična območja, ki so tudi naša najpomembnejša tržišča in skupni kulturni prostor, bodo v žarišču dejavnosti slovenske zunanje politike.

• Podpora gospodarstvu bo še naprej eden od stebrov slovenske zunanje politike. Pri tem bo skrb namenjena predvsem **kakovosti storitev gospodarske diplomacije** in usposabljanju ekonomskih svetovalcev. Krepila se bo **vloga častnih konzulov** na tem področju. Zunanja politika bo podpirala interese gospodarstva, izobraževanja in znanosti, **nacionalno prometno in energetsko strategijo** ter promocijo obetajočih zagonskih podjetij za njihov prodor v tujini. Tesno sodelovanje vseh resorjev, predvsem gospodarstva, tehnologije in znanosti, je ključno za usklajeno in celovito podporo gospodarstvu. V diplomatski mreži bomo krepili področje **znanstvene in kulturne diplomacije,** podpirali kulturni in kreativni sektor ter mreženje slovenskih deležnikov v izobraževalnem, raziskovalnem in inovacijskem procesu z najbolj uveljavljenimi deležniki iz drugih držav. *[…]*

• Obstoj in razvoj **avtohtonih slovenskih narodnostnih skupnosti v štirih sosednjih državah** je v vitalnem nacionalnem interesu RS. Te so velikega pomena tudi za vsestransko **čezmejno sodelovanje** – za RS kot celoto in za obmejna območja, ki sestavljajo večino ozemlja RS.

• V interesu RS je **močna skupna zunanja in varnostna politika EU**, ki zagotavlja strateška partnerstva EU z globalnimi akterji ter uveljavitev vladavine prava, človekovih pravic in trajnostne rasti v širšem svetu. RS bo nastopala v pobudah globalnih akterjev v Evropi (regionalne platforme), dvostransko pa se odpirala povsod tam, kjer mora in lahko udejanja svoje interese.

• Tradicionalnemu udejstvovanju RS na področjih **pravic otrok in žensk** dodajamo področje **starejših;** v multilateralnih forumih bo RS dejavna na področju vprašanj **narodnih manjšin**. RS bo podpirala ambicije **ITF Ustanove za krepitev človekove varnosti** na področju pokonfliktne rehabilitacije. Glede **boja proti terorizmu** se bo RS posebej posvečala **preprečevanju radikalizacije** in novačenja tujih terorističnih borcev, pri tem pa sodelovala zlasti z državami Zahodnega Balkana. Poleg že javno izražene podpore **Mednarodnemu kazenskemu sodišču** bo s partnerji razvijala **novi mehanizem mednarodne pravne pomoči. Eno izmed svojih niš vidi slovenska zunanja politika v** medkulturnem dialogu. RS se zavzema za **učinkovit multilateralizem**, v središču katerega je sistem OZN.

• V prihodnjih letih bo RS morala **obseg razvojnega sodelovanja znatno okrepiti**.

• **Na področju boja proti podnebnim spremembam** se bo RS posvečala predvsem ohranjanju biotske raznovrstnosti ter vprašanjem gozdov in voda, še posebej v alpskem in jadranskem okolju.

• Več pozornosti zunanje politike bodo deležne slovenske **novodobne izseljenske skupnosti** ter široko **področje migracij**, zlasti migracij v Sredozemlju.

• Za uspešno zunanjo politiko države sta ključni **osrednja vloga ministrstva za zunanje zadeve** na področju mednarodnih odnosov države in dobra usklajenost vladnih resorjev. RS potrebuje **novo kulturo zunanje**

politike, ki poudarja **nacionalni interes, kontinuiteto prednostnih področij, široko politično soglasje** pri ključnih zunanjepolitičnih odločitvah in **profesionalno diplomacijo**. Dolgoročno je treba zagotoviti **realno rast proračunskih sredstev za izvajanje zunanje politike** (vključno z razvojnim sodelovanjem), posebno skrb pa namenjati **človeškim virom** v zunanjem ministrstvu.

• RS bo zagotovila okolje za **krepitev tuje rezidenčne diplomatske prisotnosti** ter domačih in tujih organizacij s širokega področja mednarodnih odnosov (mehka moč). *[...]*

1. Okvir

1.1 NACIJA IZ NARODA JEZIKA IN KULTURE

Slovenci smo se med evropskimi narodi kot suverena nacija v prostor mednarodnih odnosov uvrstili pozno, a naglo. V manj kot sto letih smo uspeli zavarovati svoj obstoj pred nacionalizmi 19. stoletja in nacifašizmom, dejavno in že kot samostojen subjekt sodelovali v procesu demokratizacije Srednje in Vzhodne Evrope ter na kulturnih temeljih oblikovali nacionalno državo. Pot do polne mednarodne subjektivitete je bila neločljivo zaznamovana tako z osamosvojitvijo kot z uvedbo parlamentarne demokracije.

Četrt stoletja samostojnosti in parlamentarne demokracije, desetletje članstva v Evropski uniji (EU) in Natu, četrt stoletja padca berlinskega zidu, štirideset let Helsinške sklepne listine, stoletnica začetka 1. svetovne vojne in sedemdeseta obletnica konca 2. svetovne vojne ter obletnici avstrijske državne pogodbe in Osimskih sporazumov pomenijo zgodovinski in vsebinski okvir umestitve Republike Slovenije (RS) v prostor mednarodnih odnosov. Navedene obletnice narekujejo tudi refleksijo slovenske zunanje politike, njene zunanjepolitične strategije in mesta RS v mednarodni skupnosti, zlasti po desetletju članstva v EU in Nato ter v luči sprememb in novih, predvsem varnostnih izzivov v mednarodnem okolju v času po nastanku zadnjega strateškega dokumenta o slovenski zunanji politiki. *[...]*

Razmislek o Sloveniji v mednarodnih odnosih je deloma potekal v strateških dokumentih, ki se zunanje politike dotikajo posredno. Posebnega pomena, zlasti za pomorsko usmeritev RS in sredozemsko razsežnost njene zunanje politike, sta *Resolucija o pomorski usmeritvi RS* iz leta 1991 in

Resolucija o strategiji za Jadran iz leta 2009. Tudi pripravljalni dokumenti za dolgoročno strategijo razvoja RS poudarjajo potrebo po ozaveščanju o umestitvi Slovenije v globalno okolje, izkoriščanju geostrateške lege in mednarodne usmerjenosti gospodarstva, soočanju s kulturami drugih narodov in pomenu bogastva mednarodnih povezav.

Podobno pomembna je leta 2013 sprejeta *Slovenska industrijska politika*, ki v zvezi z mednarodno razsežnostjo med svojimi usmeritvami poudarja spodbujanje internacionalizacije podjetij in izkoriščanje učinkov globalizacije, v tem sklopu pa poudarja pomen učinkovitega delovanja ekonomske diplomacije. Za mednarodne gospodarske odnose je pomemben tudi *Program spodbujanja internacionalizacije 2015–2020. [...]* Za uveljavljanje znanja prek zunanje politike je pomembna tudi *Resolucija o raziskovalni in inovacijski strategiji Slovenije* za obdobje 2011– 2020. Za zunanjo politiko je pomembna tudi *Resolucija o nacionalnem programu za kulturo 2014 –2017.*

Nova *Deklaracija o zunanji politiki RS* in pričujoči novi strateški dokument upoštevata dosežene cilje, spremembe v mednarodnem okolju in nove zunanjepolitične izzive, zlasti na področju mednarodne varnosti. Ta dokument je razmislek o slovenski zunanji politiki ter o načinih in sredstvih za doseganje ciljev in izvajanje prednostnih nalog iz *Deklaracije o zunanji politiki Republike Slovenije.* V skladu s slednjo bodo ti načini in sredstva podrobneje opisani v izvedbenih načrtih Ministrstva za zunanje zadeve.

1.2 SUVERENI V SPREMENJENEM OKOLJU IN OB NOVIH IZZIVIH

Spremenjeno mednarodno okolje

RS je z nekaterimi zgodovinskimi primerjalnimi prednostmi in dobro pripravljenostjo na članstvo izkoristila kratko časovno obdobje, v katerem sta v Evropi obstajala široko soglasje in zgodovinski entuziazem za širitev Evropske unije (EU) in Nata, kar sta bila po osamosvojitvi in priznanju njena najpomembnejša zunanjepolitična cilja. *[...]*

RS v svetovnem merilu sicer ostaja ena najbolj varnih držav, vendar globalni varnostni izzivi še nikoli niso bili tako prisotni v njeni zavesti. Hkrati se krepi zavedanje, da varnost ni nekaj samoumevnega in da od RS zahteva dejavno zunanjo politiko. Občutne spremembe v širšem mednarodnem okolju imajo namreč pomembne posledice za EU in RS. Gospodarska kriza, povečanje globalne mobilnosti oziroma migracij, radikalizacija in terorizem, povečanje števila šibkih držav, globalno naraščanje neenakosti in revščine, negativne posledice globalizacije oziroma njeno upravljanje, negativna demografska gibanja, beg možganov, grožnje kibernetski varnosti, nalezljive bolezni (npr. vpliv ebole na mednarodne odnose), velike naravne nesreče, energetska varnost in druga energetska vprašanja (npr. izkoriščanje nekonvencionalnih virov, nova nahajališča konvencionalnih virov), podnebne spremembe, "hibridne" grožnje, čezmejni organizirani kriminal so nekateri izmed novih (varnostnih) izzivov v evropski soseščini in širši mednarodni skupnosti. Pri tem je pomembno, da je naša varnost tudi v varnosti naših zaveznic in partnerjev. Zato je sodelovanje RS v Natovem sistemu kolektivne obrambe vitalnega pomena za RS. Izrednega pomena pa so tudi drugi mehanizmi kolektivne varnosti v Evropi in svetu. *[…]*

Vprašanje migracij v sredozemskem prostoru, povezano s – sicer pozitivno – naraščajočo globalno mobilnostjo, z visoko brezposelnostjo mladih v Severni Afriki in nerešenimi vprašanji Podsaharske Afrike, ostaja daleč od rešitve. V Afriki sta kljub nekaterim vzhajajočim gospodarstvom še vedno prisotna revščina in politična nestabilnost, krepi pa se tudi moč terorističnih skupin. Mir in varnost v sredozemskem prostoru sta pomembna tudi za RS kot sredozemsko državo. *[…]*

Gospodarsko gledano bo težišče sveta še naprej usmerjeno k državam, ki niso članice Organizacije za gospodarsko sodelovanje in razvoj (OECD). V gospodarskem pogledu zahteva povečano pozornost tudi Srednja Evropa, sicer del prostora OECD, ki pa je tudi med krizo pokazala visoko stopnjo odpornosti in izkazovala gospodarsko rast, v zadnjih petindvajsetih letih močno zmanjšala zaostajanje za povprečno razvitostjo v EU, hkrati pa je med pomembnimi tradicionalnimi trgi RS. Srednja Evropa ima za RS tudi vitalen pomen na področju prometnih povezav. *[…]*

V svetu, v katerem vznikajo nova središča moči (novi poli), je zagotavljanje varnosti z orodji multilateralizma zahtevnejše, kot je bilo to v bipolarnem svetu; potreba po mednarodnem sodelovanju bo v takšnem svetu še večja. *[…]*

Velik napredek je doživelo mednarodno kazensko pravosodje, zlasti z ustanovitvijo in nekaterimi pomembnimi dosežki Mednarodnega kazenskega sodišča, četudi njegov doseg ostaja omejen. Pomemben razvoj so doživeli nekateri novi multilateralni koncepti, npr. *odgovornost zaščititi*. Na celotnem področju mednarodnih odnosov pomenijo izziv veliki in svetovno vplivni nedržavni deležniki.

Globalizacija, spremenjeni odnosi v mednarodni skupnosti, okoljski, ekonomski in socialni izzivi zahtevajo preoblikovanje naših ekonomij, institucij in naših družb za uresničitev trajnostne prihodnosti za vse. Tako imenovana *agenda post-2015* ponuja takšno priložnost: izkoreninjenje revščine, trajnostni razvoj, človekove pravice. Globalizacija zahteva upravljanje – vse te vsebine se bodo še bolj vključevale v zunanjo politiko. To velja tudi glede podnebnih sprememb: scenariji do leta 2050 kažejo za RS nadaljevanje ogrevanja, povečevanje količine padavin pozimi in zmanjševanje količine padavin v južni Sloveniji poleti. *[...]*

Po četrt stoletja, ki so ga zaznamovali mednarodno priznanje, umestitev na politični zemljevid sveta, vključevanje v mednarodne organizacije (EU, Nato, OECD) in uspešno uveljavljanje v njih (članstvo v Varnostnem svetu, predsedovanje Organizaciji za varnost in sodelovanje v Evropi – OVSE, Svetu EU kot prva izmed tranzicijskih držav in Svetu Evrope), je zdaj v ospredju doseganje prepoznavnosti in ugleda RS kot države, ki je uspešna predvsem na gospodarskem področju in pri zagotavljanju vsestranske blaginje njenih prebivalcev ter hkrati odgovorna in dejavna v svetu.

Diplomacija je kot sredstvo zunanje politike ključni državotvorni instrument za uveljavljanje nacionalnega interesa v mednarodnih odnosih. *[...]* Pri tem se zunanja politika zaveda omejitev, ki jih za RS pomeni njena velikost (glede na zunanjepolitične zmogljivosti in vpliv v mednarodni skupnosti), vendar to dejstvo vidi predvsem kot priložnost za verodostojen, pragmatičen in prožen pristop ter uporabo niš v zunanji politiki.

Slovenski nacionalni interes

Nacionalni interes RS je utemeljen v tem, čemur država in njeni državljani pripisujejo največjo vrednost, ter v tem, kar se izraža v nacionalni in narodni istovetnosti. Opredeljen je kot demokratično oblikovan lasten nadzor nad pogoji, ki omogočajo reprodukcijo države in družbe ter njune infrastrukture.

Vitalni nacionalni interes RS je v obstoju RS, njeni suverenosti, ozemeljski celovitosti in politični neodvisnosti, obstoju temeljnih vrednot in načel Ustave RS, v obstoju slovenskega naroda in slovenskih manjšin, slovenske kulture in slovenskega jezika.

V strateškem interesu RS sta varnost in stabilnost v svetu, zlasti v Evropi, urejeni dvostranski odnosi, učinkovit multilateralni sistem na čelu z OZN, močna EU in globalna strateška vloga Nata, zagotavljanje trajnostnega razvoja RS [...], gospodarska in siceršnja blaginja države in prebivalstva, [...], varnost pred grožnjami ekstremizma, terorizma in organiziranega kriminala, močna civilna družba, učinkovita pravna država in dobro upravljanje ter socialna kohezija.

Vrednote in interesi so v sodobni zunanji politiki neločljivo prepleteni. Zunanja politika prek več- in dvostranskih dejavnosti zagotavlja varno in stabilno mednarodno okolje, krepi odprtost države v Evropo in svet ter s tem podpira gospodarstvo, kar je pomembno ne le med gospodarsko in finančno krizo, ampak tudi pri reševanju drugih razvojnih in družbenih vprašanj. Zunanja politika sooblikuje prihodnost nacije.

1.3 ZUNANJA POLITIKA V SOODVISNOSTI Z NOTRANJO

Za kulturo zunanje politike

Osrednja vloga Ministrstva za zunanje zadeve

Zunanja politika je v samem temelju države in njene suverenosti in del nacionalno-varnostne politike. RS je v mednarodnem prostoru dejavna kot celota, kar je posebnega pomena za državo z omejenimi viri. Konsistentnost in koherentnost zunanje politike RS omogočata lažjo prepoznavnost primerjalnih prednosti RS v mednarodnih odnosih – te so zlasti v njenem ugodnem geostrateškem položaju ter v zgodovinski in kulturni specifičnosti.

Ministrstvo za zunanje zadeve ima v skladu z Zakonom o zunanjih zadevah osrednjo vlogo na področju mednarodnih odnosov RS; zagotavlja podporo pri usklajevanju, resorna ministrstva in drugi državni organi pa svoje načrte in dejavnosti na mednarodnem področju, tudi obiske, vnaprej usklajujejo z Ministrstvom za zunanje zadeve. [...]

Na kratko: kaj in kako

- Mir, varnost, blaginja – trije temelji zunanje politike RS.
- Občutne spremembe v mednarodnem okolju, tudi v EU, imajo pomembne posledice, na katere se mora RS pripraviti.
- RS ostaja v svetovnem merilu ena najvarnejših držav – ta varnost ni samoumevna in zahteva dejavno zunanjo politiko RS z večjim poudarkom na področju varnosti.
- Z opredeljenimi vitalnimi in strateškimi nacionalnimi interesi RS zagotavlja svojo prisotnost v zanjo ključnih procesih in odnosih v mednarodni skupnosti.
- Osrednja vloga Ministrstva za zunanje zadeve na področju mednarodnih odnosov RS, v tesnem sodelovanju z ostalimi resorji.
- Za novo kulturo zunanje politike: državniška drža, kontinuiteta, profesionalnost, pluralnost, enotnost; usklajevanje politike ob najpomembnejših odločitvah in kandidaturah.

2. Koncentrični krogi zunanje politike – prednostna območja

2.1 V EVROPI IN EVRO-ATLANTSKEM PROSTORU

Evropa

Evropske politike: v jedru razvite, poglobljene in razširjene Evropske unije

RS je že več kot desetletje del Evropske unije, ki je naše najpomembnejše vrednotno, politično in pravno okolje. Razsežnost EU je celovito vključena v delovanje vseh vladnih resorjev in drugih institucij države. *[...]*

Dvostransko sodelovanje v Evropi

V skladu z deklaracijo predsednikov vlad iz leta 2011 bo RS ohranjala tesen dialog z Zvezno republiko Nemčijo, Francijo (s poudarkom na Zahodnem Balkanu, zlasti v okviru *Procesa Brdo*), s podobno mislečimi državami, *[...]* prednostno s srednjeevropskimi oz. državami Višegrajske skupine, s sosedami in manjšimi državami članicami, *[...]* s Poljsko, *[...]* s sredozemskimi državami članicami *[...]* ter s Svetim sedežem *[...]* (tudi v okviru določil Lizbonske pogodbe).

Širitev EU in evropsko sosedstvo

RS ostaja zagovornica širitve EU kot najmočnejšega geopolitičnega instrumenta EU in enega najmočnejših vzvodov za krepitev politične in gospodarske stabilnosti ter varnosti, zlasti z državami Zahodnega Balkana. *[...]* (tudi prek *Procesa Brdo), [...]* s *Turčijo [...]*, ter z *[...]* državami vzhodnega sosedstva, ki v tem pogledu izkazujejo največje ambicije *[...]*, (Ukrajina, Moldavija in Gruzija).

RS bo svoje zunanjepolitične cilje v evropski vzhodni in južni soseščini ter širše uresničevala tudi prek skupne zunanje in varnostne politike EU.

Za RS je pomembno, da je njena širša soseščina varna, stabilna in demokratična. Zato si želi dobrih odnosov z državami vzhodnega partnerstva in jih spodbuja pri izvedbi reform na področju demokracije, vladavine prava in spoštovanja človekovih pravic. *[...]*

Ruska federacija

[...] Znotraj Evropske unije si bo RS dolgoročno prizadevala za pritegnitev Ruske federacije v krog skupnih evropskih vrednot in s tem za dolgoročno partnerstvo Ruske federacije z EU, ki bo krepilo težo Evrope v globalnem svetu. RS bo zagovarjala tako obliko sodelovanja v posovjetskem prostoru, ki v celoti spoštuje suverenost in ozemeljsko celovitost vseh držav regije.

Slovenija v Srednji Evropi

[...] RS bo krepila politično sodelovanje z vsemi srednjeevropski državami, posebno z Avstrijo, Češko, Madžarsko, Slovaško in Poljsko. Glede na svoj geopolitični položaj je RS naravna partnerica držav Višegrajske skupine. Sodelovanje bo osredotočeno na krepitev gospodarskih, prometnih (zlasti zagotavljanja ustrezne železniške povezave koprskega pristanišča s Srednjo Evropo) in energetskih povezav med Baltikom in Jadranom. *[...]*

Evro-atlantski prostor

RS zaveznica v Natu, Nato – temeljni okvir nacionalne in transatlantske varnosti

Članstvo v Natu je izraz suverene volje RS in pripadnosti kolektivni obrambi. Severnoatlantsko zavezništvo v hitro spreminjajočem se varnostnem okolju in ob omejenih nacionalnih virih še naprej pomeni najučinkovitejši in najgospodarnejši način zagotavljanja nacionalne varnosti

RS. S članstvom v Natu si je RS zagotovila stopnjo varnosti, ki si je sama tudi z nekajkrat večjimi sredstvi ne bi mogla, saj se države z vrsto novih izzivov ne morejo spopadati same. Spremembe varnostnega okolja na evropski celini, Bližnjem vzhodu in širše pričajo o dolgoročni potrebi po obrambnem zavezništvu demokratičnih držav ter tudi po sodelovanju RS kot zaveznice v Natu pri zagotavljanju globalne in regionalne varnosti z izpolnjevanjem zavez in delitvijo bremen v okviru zavezništva. RS pomembno prispeva na območju Zahodnega Balkana in Sredozemlja ter pri pokonfliktni obnovi in civilni zaščiti. [...]

Slovenija je verodostojna zaveznica in zanesljiva članica Nata, ki bo tudi v prihodnje izpolnjevala svoj delež zavez, izhajajočih iz članstva v Natu. Dejavna bo v prizadevanjih Nata za izgradnjo zmogljivosti, ki bodo branile RS in druge države članice pred novimi grožnjami ter pri krepitvi klasičnih zmogljivosti za kolektivno obrambo. Zagotavljala bo svoj prispevek k enotnosti zavezništva in ohranjanju solidarnosti med zaveznicami, zlasti s tistimi, ki se čutijo posebej ogrožene. Zavzemala se bo za krepitev sodelovanja med Natom in drugimi mednarodnimi organizacijami. [...]

Na kratko: kaj in kako

- Razsežnost EU je integralni del vseh vladnih institucij države; okrepiti medresorsko usklajevanje zadev EU.
- Za močnejšo, bolj povezano, učinkovito in pregledno EU.
- Premiki schengenske meje morajo zagotoviti vsaj enako varnost RS kot doslej.
- Vključitev RS v vseevropsko prometno omrežje; podpora pomorski usmeritvi RS.
- Pomen dvostranskega sodelovanja znotraj EU, še posebej s ključnimi partnerji.
- Širitev EU mora pomeniti širitev območja skupnih vrednot; podpora perspektivi EU državam vzhodnega partnerstva, zlasti Ukrajini.
- Krepitev sodelovanja s srednjeevropskimi državami, zlasti na gospodarskem, prometnem in kulturnem področju.
- RS v NATO: verodostojna zaveznica, dejavna in zanesljiva članica.
- Okrepitev političnih in gospodarskih stikov z ZDA.

2.2 V SOSEŠČINI

Sodelovanje na stičišču alpskega, jadranskega in podonavskega prostora

Slovenija je srednjeevropska in sredozemska država v središču alpsko-jadransko- podonavskega prostora, treh makroregij ter na stičišču zahodne in jugovzhodne Evrope. Je (skupaj s Češko) najzahodnejša slovanska država. Stičišče treh geografskih in petih jezikovnih svetov (germanskega, romanskega in retoromanskega – furlanskega, ugrofinskega in slovanskega) ponuja izredne priložnosti za gospodarsko, politično in kulturno sodelovanje. Dodaten pomen temu prostoru dajejo avtohtone slovenske narodnostne skupnosti v vseh štirih sosednjih državah, s katerimi smo povezani v enoten etnični, kulturni in jezikovni prostor. Njegova ohranitev je izrednega nacionalnega pomena. Posebno mesto v tem prostoru imata avtohtoni italijanska in madžarska narodna skupnost, pa tudi romska skupnost. *[...]*

Za ohranitev tega ugodnega položaja in izrabo ponujenih priložnosti RS – poleg dvostranskih stikov s sosednjimi državami – goji na visoki politični ravni vezi z deželami oziroma zveznimi enotami tako dvostransko kot v okviru makroregij (alpska, jadransko-jonska in podonavska) in različnih oblik regionalnega sodelovanja. Posebno pozornost namenja sodelovanju s Koroško, Štajersko in Gradiščansko, Svobodno deželo Bavarsko, deželo Baden-Württemberg, Furlanijo – Julijsko krajino, Venetom in Lombardijo, Železno in Zalsko županijo ter z Istro in drugimi obmejnimi hrvaškimi županijami. *[...]*

Sosednje države

Zaradi več stoletij skupne zgodovine in prisotnosti avtohtone slovenske manjšine na avstrijskem Koroškem in Štajerskem ima Avstrija posebno mesto v sodelovanju s sosedi. *[...]*

V odnosih RS z Italijo je posebna pozornost namenjena gospodarskemu sodelovanju, razvoju prometnih povezav, energetiki, okolju, kulturni in turistični promociji Slovenije, vrnitvi kulturnih dobrih v njihova izvorna okolja, ureditvi vprašanja rabe frekvenc ob meji, ureditvi vprašanja Slovenskega stalnega gledališča v Trstu ter spodbujanju čezmejnega regionalnega in lokalnega povezovanja. V zvezi s slovensko narodno manjšino si bo RS prizadevala za celovito izvajanje zaščitne zakonodaje na celotnem poselitvenem prostoru s posebnim poudarkom na urejanju položaja manjšine v Videmski pokrajini. *[…]*

V odnosih s Hrvaško bo – poleg nadaljnje krepitve gospodarskega sodelovanja – kratkoročno in srednjeročno v ospredju izvršitev odločbe arbitraže o meji na morju in kopnem ter celovito reševanje vprašanja Ljubljanske banke v okviru nasledstva. RS si bo prizadevala za tesno sodelovanje med državama pri upravljanju Jedrske elektrarne Krško, še posebej pri iskanju trajne rešitve za odlaganje jedrskih odpadkov in razgradnjo JEK, k čemur sta zavezani obe državi z meddržavno pogodbo o JEK. *[…]*

Promet, gospodarsko sodelovanje, nove energetske povezave, sodelovanje v Srednji Evropi ter kulturno sodelovanje in večanje vzajemne prepoznavnosti obeh držav bodo stalnice slovenske zunanje politike v odnosu do Madžarske, ki je tudi edina soseda članica Višegrajske skupine. *[…]*

Sredozemlje

RS je v tem prostoru dejavna zlasti v Uniji za Sredozemlje ter v jadransko-jonski pobudi. Krepiti želi dodano vrednost pobude z njeno tesno povezanostjo s strategijo EU za jadransko-jonsko makroregijo. V prihodnje bo poleg že razvitih stikov z jadranskimi državami in Turčijo krepila dvostranske stike z drugimi državami evropskega in tudi južnega Sredozemlja. *[…]*

Pozornost bo posvečala celovitemu in trajnostnemu upravljanju Jadranskega morja in obalnih območij. Ta prostor je za RS pomemben tudi z energetskega vidika. V njem je prav tako zelo aktualna problematika migracij ter s tem povezanih tveganj in odgovornosti za RS, pa tudi priložnosti. Pomemben izraz sredozemske komponente slovenske zunanje politike je gostovanje *Evrosredozemske univerze* (EMUNI) v Portorožu, ki je eden od prednostnih projektov Unije za Sredozemlje. V sredozemskem prostoru lahko Slovenija prispeva tudi na področju medkulturnega dialoga.

Zahodni Balkan

Človeške in gospodarske vezi z državami Zahodnega Balkana ostajajo dobra podlaga za intenzivne in vsestranske odnose, upoštevaje tudi

Deklaracijo o Zahodnem Balkanu iz leta 2010 in *Smernice za delovanje RS do Zahodnega Balkana* ter dosedanje izkušnje *Procesa Brdo.* RS na Zahodnem Balkanu deluje tudi skupaj z drugimi partnerji EU in je prisotna v forumih, ki zadevajo prihodnost regije.

Ta podlaga je pomembna za ohranjanje prisotnosti RS v regiji kot političnega, gospodarskega in razvojnega partnerja ter svetovalca v procesih tranzicije in približevanja držav regije k EU in Nato, vključno v okviru predpristopne pomoči. *[…]*

Privlačnost Slovenije in slovenskega v državah Zahodnega Balkana je tesno povezana z mestom RS v EU in Natu ter s prepoznavnostjo in kredibilnostjo RS kot gospodarsko uspešne srednjeevropske države s specifično, jasno razpoznavno celostno podobo iskrenega prijatelja regije, ki odprto sledi svojim strateškim interesom. *[…]*

RS bo ohranila prisotnost v mednarodnih operacijah na Zahodnem Balkanu.

Alpe

Alpske države povezujejo kulturne značilnosti, življenjske razmere in izzivi, povezani z razvojem, ki upošteva skrb za ohranjanje biotske raznovrstnosti in bogastva naravnih virov. *[…]*

V alpski soseščini RS še posebej tesno sodeluje s Švico, Lihtenštajnom in Avstrijo v okviru alpske kvadrilaterale. V širšem alpskem prostoru pomeni temelj sodelovanja Alpska konvencija, ki kot prednostna področja obravnava urejanje prostora in trajnostni razvoj, varstvo narave in urejanje krajine, hribovsko kmetijstvo, gorski gozd, turizem, energijo, varstvo tal, promet in mobilnost, upravljanje voda ter podnebne spremembe. *[…]*

Slovenci v sosednjih državah – skupni etnični, kulturni in jezikovni prostor

Nastanek samostojne in demokratične Slovenije ter njen vstop v EU in schengenski prostor sta utrdila povezanost skupnega etničnega, kulturnega in jezikovnega prostora. Kljub pozitivnemu razvoju v obmejnih deželah si je treba bolj prizadevati za družbeno potrditev slovenskih manjšin in zagotavljanje prisotnosti slovenskega jezika v tamkajšnjih javnostih.

Ključni cilj zunanje politike RS na področju manjšin je ustrezna raven pravnega varstva slovenskih manjšin v vseh štirih sosednjih državah, upoštevaje notranje in mednarodno pravo, ter uveljavitev takšnih upravnih, izobraževalnih, kulturnih in drugih politik, ki bodo ustavile proces asimilacije. *[...]*

2.3 V ŠIRŠEM SVETU

Zunanja politika bo v sodelovanju z Ministrstvom za gospodarski razvoj in tehnologijo ter drugimi deležniki identificirala in podpirala dejanske interese in zmožnosti gospodarstva za prodor na oddaljena tržišča. Pri tem bo dejavnosti gospodarske diplomacije izvajala z inovativnimi metodami navezovanja gospodarskih stikov, vključno z uporabo digitalne diplomacije. Navezovala se bo tudi na blagovne znamke, ki so jih v teh državah obdržala nekatera slovenska podjetja. Vzdrževala bo vezi s slovenskimi skupnostmi, ki so za RS lahko pomemben vzvod v oddaljenih državah, zlasti tam, kjer RS ni rezidenčno zastopana. Podpirala bo obstanek in razvoj izseljenskih skupnosti, tudi novodobnih, hkrati pa pozornost namenjala vračanju v domovino. Delovala bo na področju ohranjanja dediščine slovenskih izseljencev. Skrbela bo za zaščito državljanov. Prav v tem delu sveta se bo pri nalogah gospodarske diplomacije in konzularni pomoči močno oprla na častne konzule. Zagotavljala bo politično in diplomatsko podporo pripadnikom RS v mednarodnih operacijah in misijah.

Poleg dvostranskega političnega sodelovanja bo RS svoje zunanjepolitične cilje in svojo odgovornost v svetu uresničevala tudi prek skupne zunanje in varnostne politike EU, ki jo dejavno sooblikuje. Močna skupna zunanja in varnostna politika ter učinkovita Evropska služba za zunanje delovanje sta pomembna dejavnika pri krepitvi obveščenosti, prisotnosti in vključenosti RS v aktualna svetovna dogajanja. RS želi, da EU postane močan in pomemben akter na mednarodnem prizorišču. Cilj RS je vzpostavitev trdnega in kredibilnega strateškega partnerstva EU z globalnimi akterji, ki so hkrati tudi glavne regionalne sile v Afriki, Aziji in Latinski Ameriki. Za RS je prednostna naloga partnerstev med EU in navedenimi državami vzpostavitev mednarodnega okolja, ki bo pripomoglo k varnosti, univerzalni trajnostni rasti, vladavini prava in spoštovanju človekovih pravic. Pri tem bo

RS sodelovala z Evropsko službo za zunanje delovanje oziroma z delegacijami EU v tretjih državah.

Tudi članstvo v drugih mednarodnih organizacijah ponuja priložnosti za krepitev obstoječega sodelovanja in vzpostavitev dialoga z državami, kjer RS sicer rezidenčno ni prisotna. Zelo pomemben del sodelovanja s širšim svetom bo oživljanje in razvijanje stikov s posamezniki in institucijami, ki so v preteklosti že vzpostavili povezave s Slovenijo in zdaj delujejo na političnem, gospodarskem, znanstvenem ali kulturnem področju v državah Azije, Afrike in Latinske Amerike.

Azija

V tem delu sveta so najpomembnejši partnerji RS Indija, Japonska in Kitajska kot največje svetovno gospodarstvo. Gospodarski interesi RS v azijskih državah so tesno povezani s koprskim pristaniščem, slovenskimi železnicami, slovensko avtomobilsko industrijo in tudi s sodelovanjem na tehnološko najzahtevnejših področjih. Izredno pomembno sodelovanje z Azijo je na področju znanosti, razvoja in inovacij. *[...]*

Afrika

Glavna naloga diplomacije na afriški celini je iskanje novih trgov. V skladu s smernicami razvoja politike razvojnega sodelovanja in glede na tradicijo humanitarnega delovanja slovenskih misijonov se bo srednje- in dolgoročno v podsaharskem delu celine okrepilo tudi slovensko razvojno sodelovanje. Pomemben potencial za prihodnje stike pomeni intenzivno gospodarsko in izobraževalno sodelovanje v času nekdanje SFRJ. V tem smislu bo RS v prizadevanja za okrepitev stikov na afriški celini vključevala tudi afriško diasporo v Sloveniji. Nadaljevala bo tudi tradicionalni *Dan Afrike*, ki se je uveljavil kot uspešna oblika javne diplomacije.

Za politične odnose z afriškimi državami so pomembne nekatere niše, v katerih RS dejavno sodeluje v multilateralnih forumih (človekova varnost, pravice otrok, pravice žensk, oskrba z vodo, razminiranje). V pomoč pri nastopanju v frankofonski Afriki je slovensko sodelovanje v *Mednarodni organizaciji za frankofonijo*.

Posebna pozornost bo posvečena zaščiti slovenskih državljanov na celini (turistov, individualnih popotnikov, humanitarnih in verskih delavcev ter večjih slovenskih skupnosti), zlasti z urejanjem ugodnejšega položaja glede njihove vizumske obveznosti. Tudi na afriški celini se bo rezidenčno pokrivanje dopolnjevalo z nerezidenčnim iz Ministrstva za zunanje zadeve.

Latinska Amerika

Latinska Amerika je za RS pomembna zaradi njene kulturne povezanosti z Evropo, njenega vse večjega političnega pomena v globalnem svetu, posebno Brazilije, gospodarskih potencialov in zaradi prisotnosti številčne slovenske skupnosti v nekaterih državah regije, zlasti v Argentini. *[…]*

Na kratko: kaj in kako

- Za močno skupno zunanjo in varnostno politiko EU: trdno strateško partnerstvo med EU in globalnimi akterji; varnost, trajnostna rast, vladavina prava in človekove pravice v širšem svetu.
- Umestitev RS v pobudah globalnih akterjev v Evropi (regionalne platforme).
- Krepitev razvojnega sodelovanja s Podsaharsko Afriko; utiranje gospodarskih stikov v Srednji in Jugovzhodni Aziji ter Zalivu.
- V žarišču: pristanišče Koper, železnice, avtomobilska industrija, znanost in razvoj.
- Oživitev "slovenskih stikov" v tretjih državah; sodelovanje z afriško diasporo v RS.
- Slovenske skupnosti v širšem svetu – vzvod diplomacije in gospodarstva.
- Leteči (nerezidenčni) veleposlaniki iz Ljubljane za države Afrike in Azije.

---

3. Zunanja politika v preseku – prednostna področja

3.1 KREPITEV MULTILATERALNEGA SISTEMA IN UPRAVLJANJE GLOBALIZACIJE

Večstransko delovanje je eden od temeljev slovenske zunanje politike, je izraz naše globalne odgovornosti in solidarnosti. Multilateralni okvir je okno priložnosti za države, kot je RS; hitra sposobnost prilagajanja spremembam v svetu omogoča krepitev njene prepoznavnosti in ugleda kakor tudi uveljavljanje naših vrednot in interesov. Pri tem je pomembno dosledno izvajanje sprejetih mednarodnih obveznosti, vključno s finančnimi obveznostmi in prilagajanjem domačega pravnega reda.

RS se zavzema za učinkovit multilateralizem, v središču katerega je OZN. Za uspešno spopadanje z novimi varnostnimi in drugimi izzivi v globalnem okolju se mora ta reformirati in okrepiti z novimi mehanizmi; RS podpira reformo Varnostnega sveta in vključitev novih stalnih članic. Delovanje v OZN in njenih specializiranih ustanovah RS dopolnjuje z delovanjem v drugih mednarodnih organizacijah, ki zagotavljajo stabilno mednarodno okolje in človekovo varnost. Med temi posebno mesto zavzemata Organizacija za varnost in sodelovanje v Evropi (OVSE) ter Svet Evrope.

RS v OVSE sodeluje v vseh treh dimenzijah organizacije: političnovojaški, ekonomski in okoljski ter človekovi. Poudarjeno deluje na vseh področjih, kjer lahko odgovorno prispeva k celoviti varnosti in pri zadevah, ki so v ospredju zunanjepolitičnih interesov RS.

V Svetu Evrope je RS poudarjeno dejavna na področjih varstva pravic narodnih manjšin, žensk, otrok, Romov in drugih ranljivih skupin. *[...]*

RS svojo globalno soodgovornost in mednarodno solidarnost izkazuje s poudarjenim sodelovanjem na prednostnih področjih oziroma tistih, na katerih ima primerjalne prednosti. S sodelovanjem v mednarodnih operacijah in misijah skladno z nacionalno strategijo in zunanjepolitičnimi interesi prispeva k preprečevanju konfliktov, stabilizaciji ter pokonfliktni obnovi. Svoje interese uresničuje tudi s kandidaturami v različna telesa in organe mednarodnih organizacij. RS pri svojem delovanju izhaja iz razumevanja, da so varnost, razvoj, človekove pravice in vladavina prava medsebojno neločljivo povezani.

RS je v mednarodnih forumih dejavna tudi na področju medkulturnega dialoga, zlasti na Zahodnem Balkanu in v sredozemskem prostoru. Prav tako je v mednarodni skupnosti pripravljena deliti izkušnje, ki si jih je pridobila v procesu tranzicije in graditvi države kakor tudi pri varovanju jezika, kulture in kulturne dediščine kot temeljev narodne identitete.

Med sistemskimi multilateralnimi organizacijami, katerih članica je RS, zavzema posebno mesto OECD, ki omogoča analizo politik RS s primerjavami z drugimi državami ter ponuja priporočila za napredek pri gospodarskem in družbenem razvoju. *[...]*

Posebno mesto zavzema tudi Svetovna trgovinska organizacija (WTO). S spremljanjem rednega dela organizacije in sodelovanjem v aktualnih pogajanjih za dodatno liberalizacijo in izboljšanje pravil si RS prizadeva za uveljavljanje in varovanje interesov slovenskega gospodarstva.

S kandidaturami in vpisi snovne in nesnovne dediščine Slovenije ter sodelovanjem pri transnacionalnih vpisih dediščine regije na seznam Unescove kulturne dediščine si bomo prizadevali za večjo prepoznavnost slovenske dediščine (npr. Plečnikov opus). RS si bo prizadevala tudi za uresničevanje Unescove konvencije o varovanju in spodbujanju raznolikosti kulturnih izrazov.

O vseh globalnih vprašanjih Vlada RS redno razpravlja s širokim krogom domačih in tujih nevladnih organizacij ter zainteresirano strokovno javnostjo. Posebno vlogo pri tem imajo organizacije s sedežem v RS, ki delujejo na širokem področju človekove varnosti.

Mir in varnost

Cilj RS je zagotavljanje in krepitev mednarodnega miru, nacionalne varnosti, varnosti in stabilnosti v širšem evropskem prostoru, evropski soseščini ter svetu. K temu zunanja politika prispeva z razvojem dobrih dvostranskih odnosov in delovanjem v multilateralnih organizacijah ter razvojnim sodelovanjem.

RS bo tudi v prihodnje podpirala prizadevanja za mirno reševanje sporov in preprečevanje konfliktov, vključno z uporabo mediacije in graditvijo zmogljivosti na nacionalni, regionalni in mednarodni ravni. K zagotavljanju mednarodne varnosti RS prispeva tudi s sodelovanjem v mednarodnih operacijah in misijah v okviru OZN, EU, Nata in OVSE. Vse bolj kompleksno varnostno okolje zahteva odzivnost, celosten pristop, širok nabor vojaških in civilnih zmogljivosti, vključevanje razvojne in druge pomoči ter sodelovanje različnih ministrstev ter drugih deležnikov zunaj državne uprave.

Poleg uporabe nacionalnih ukrepov RS na nove varnostne izzive odgovarja z delovanjem v mednarodnih organizacijah in forumih. Te dejavnosti prvenstveno vključujejo področja nadzora oborožitve, razorožitve, neširjenja orožja za množično uničevanje, preprečevanje nezakonite trgovine z orožjem in blagom dvojne rabe, celovite prepovedi protipehotnih min in kasetnega streliva, urejanje problematike osebnega in lahkega orožja ter boja proti vsem oblikam hude in organizirane kriminalitete.

V luči sprememb v varnostnem okolju bo RS še posebej pozorna na področje boja proti ekstremizmu in terorizmu, radikalizaciji ter na področje preprečevanja udeležbe tujih terorističnih borcev na kriznih žariščih. [...] Pri tem bo RS pozorna zlasti na odpravljanje okoliščin, ki so lahko plodna tla za razmah radikalizacije.

RS dejavno podpira delo *ITF Ustanove za krepitev človekove varnosti (ITF)*, ki z odličnimi rezultati pri odpravljanju posledic protipehotnih min in drugih neeksplodiranih ostankov vojn, uničevanju konvencionalnega orožja in streliva ter pomoči žrtvam min dokazuje, da lahko države, kot je RS, dajo pomemben prispevek na mednarodnem humanitarnem področju. ITF daje poudarek učinkovitemu in preglednemu upravljanju, strokovnosti, integriteti, krepitvi zmogljivosti in nacionalnega lastništva ter regionalnega sodelovanja. Svojo dejavnost iz Zahodnega Balkana širi v Srednjo Azijo, na Južni Kavkaz, v Severno Afriko in na Bližnji vzhod. RS podpira ambicije ITF, da postane vodilna mednarodna ustanova na področju pokonfliktne rehabilitacije.

Človekove pravice

Kot država, ki je bila utemeljena prav na spoštovanju človekovih pravic in na prelomu z državo, ki tega ni bila sposobna zagotoviti, se RS odločno zavzema za nadaljnji razvoj, uveljavljanje in varstvo človekovih pravic in temeljnih svoboščin. Zaveda se lastnih izkušenj, preteklih in prihodnjih izzivov varovanja človekovih pravic. Podpira načela univerzalnosti, medsebojne odvisnosti, nedeljivosti in neodtujljivosti človekovih pravic ter pri tem sledi spoštovanju načela prirojenega človeškega dostojanstva.

RS zagovarja načelo enakosti za vse ne glede na spol, raso, narodnost, jezik, starost ali katero koli drugo osebno okoliščino.

Prednostno zagovarja pravice otrok, žensk in starejših ter je dejavna na področju varstva različnih manjšin. Doma in po svetu si prizadeva za izobraževanje za človekove pravice. Zagovarja pravico do varnega in zdravega življenjskega okolja in dostopa do čiste pitne vode in komunalne ureditve ter dostojnega življenjskega standarda. Prizadeva si za odpravo smrtne kazni v svetu. Področje človekovih pravic vključuje tudi v interdisciplinarno obravnavo boja proti trgovini z ljudmi.

Posebno pozornost posveča preprečevanju grobih kršitev človekovih pravic in množičnih grozodejstev. Zavzema se za uveljavljanje koncepta odgovornosti zaščititi ter zgodnjega odkrivanja oz. opozarjanja na množične kršitve človekovih pravic za preprečevanje poznejših humanitarnih katastrof in oboroženih konfliktov.

Zavezana je v celoti izpolnjevati vse svoje mednarodne zaveze na področju človekovih pravic in z dialogom k temu spodbuja druge partnerje v mednarodni skupnosti. Za izboljšanje spoštovanja človekovih pravic po svetu si prizadeva tudi v okviru skupne zunanje in varnostne politike Evropske unije, v okviru regionalnega ter večstranskega sodelovanja, z izmenjavo izkušenj in dobrih praks ter prek projektov razvojne in humanitarne pomoči.

RS je odločna zagovornica varstva in uveljavljanja človekovih pravic v okviru multilateralnih forumov, kot so Organizacija združenih narodov, Svet Evrope in Organizacija za varnost in sodelovanje v Evropi. Dejavna je v Svetu za človekove pravice kot osrednjem organu OZN za človekove pravice. Podpira neodvisnost in delovanje visokega komisarja ZN za človekove pravice ter njegovega urada.

Mednarodno pravo

Zavzemanje za spoštovanje mednarodnega prava je obveznost, vrednota in interes slovenske zunanje politike, saj le spoštovanje mednarodnega prava zagotavlja urejeno in stabilno mednarodno okolje. Zato se RS zavzema za krepitev vladavine prava na nacionalni in mednarodni ravni kot enega izmed temeljev svoje zunanje politike. Pri tem je pomembna usklajenost državnih organov, pa tudi sodelovanje z izobraževalnimi in znanstvenimi ustanovami ter organizacijami civilne družbe.

Posebno pozornost RS namenja kodifikaciji in razvoju mednarodnega prava, vključno s Komisijo OZN za mednarodno pravo. Zavest o pomenu mednarodnega prava krepi tudi z izdajo publikacij v okviru *Zbirke Mednarodno pravo*. V okviru državne uprave ima Ministrstvo za zunanje vloge koordinatorja na področju mednarodnega prava tudi glede postopkov sklepanja mednarodnih pravnih instrumentov in urejanja mednarodnih pogodbenih razmerij.

Ministrstvo za zunanje zadeve skrbi za utrjevanje in nadgrajevanje lastnih strokovnih znanj in izkušenj na področju mednarodnega prava ter za kakovosten in bolj prepoznaven prispevek mednarodnih pravnikov Ministrstva k mednarodnemu pravu na državni in mednarodni ravni. *[...]*

RS se zavzema za krepitev mehanizmov mirnega reševanja sporov. Ohranila in nadgradila bo znanje in izkušnje, pridobljene v okviru mednarodnopravnega reševanja sporov, vključno z mednarodnimi arbitražami in drugimi sodnimi telesi. *[...]*

Na področju mednarodnega kazenskega pravosodja RS svojo dejavno vlogo v Skupščini držav pogodbenic Rimskega statuta nadgrajuje s članstvom v biroju Skupščine Mednarodnega kazenskega sodišča (2014– 2017). *[...]* Vzporedno se RS še naprej udejstvuje v skupini pobudnic novega mehanizma vzajemne mednarodne pravne pomoči za vojna hudodelstva, genocid in hudodelstva zoper človečnost. *[...]*

Ob zavedanju, da je korupcija ena večjih groženj miru, stabilnosti, razvoju in varovanju človekovih pravic, bo Slovenija aktivno podpirala dejavnosti mednarodnih in nevladnih organizacij za učinkovitejši pregon tega pojava. Na področju prava morja bo RS še okrepila svoje dejavnosti v okviru OZN, na regionalni in subregionalni ravni, skrbela za varnost plovbe, razvoj ribolova in ohranitev živih morskih bogastev ter si prizadevala za zatiranje kaznivih dejanj, ki ogrožajo varnost plovbe in morskega prostora.

Razvojno sodelovanje in humanitarna pomoč

Mednarodno razvojno sodelovanje in humanitarna pomoč sta pomembni sestavini slovenske zunanje politike. Pomenita izraz solidarnosti in interesa, saj posledice neenakopravnega in neuravnoteženega razvoja ter kriz ogrožajo mir, varnost in stabilnost v svetu. Prispeva h krepitvi dvostranskih odnosov in prepoznavnosti RS v svetu. Z vključevanjem zmogljivosti javnega, zasebnega in nevladnega sektorja, znanosti, inovacij in tehnologije je priložnost tudi za uveljavitev gospodarskih in drugih subjektov RS v tujini.

Upoštevajoč vrednote, razvojne usmeritve in zmogljivosti RS, cilje mednarodne skupnosti, zlasti cilje OZN in EU, ter prednostna področja in območja slovenske zunanje politike se razvojno sodelovanje RS udejstvuje na izbranih geografskih in tematskih prednostnih področjih. V načrtovanje in izvajanje nalog na razvojnem področju so močno vpeta diplomatska predstavništva. Pri določitvi obsega in oblik razvojnega sodelovanja bo RS posebno pozornost namenjala razvoju in vključevanju tistih poklicnih profilov, ki lahko ustrezno obravnavajo razvojna vprašanja. Razvojno sodelovanje temelji na pravnem redu RS in EU, standardih in merilih OECD/DAC, načelih skladnosti politik za razvoj in učinkovitosti razvojnega sodelovanja ter na izkušnjah in primerjalnih prednostih RS.

Humanitarna pomoč je izraz solidarnosti RS z državami in prizadetimi posamezniki, ki se spopadajo z izrednimi razmerami (naravnimi in drugimi nesrečami, kjer je potrebna tudi reševalna pomoč, oboroženimi spopadi in drugimi dogodki). Ministrstvo za zunanje zadeve usklajuje in usmerja odziv RS skladno s humanitarnimi načeli človekoljubnosti, nevtralnosti, nepristranskosti in neodvisnosti. Pri tem upošteva stopnjo humanitarne krize, potrebe prizadetega prebivalstva in usmeritve mednarodnih organizacij kot tudi tematske usmeritve humanitarne pomoči RS.

V obravnavo vseh teh vprašanj Ministrstvo za zunanje zadeve kot koordinator razvojnega sodelovanja RS vključuje druge vladne resorje, strokovno javnost in civilno družbo. Posebno pozornost posveča ozaveščanju javnosti o pomenu razvojnega sodelovanja in globalnem učenju s ciljem razumevanja svetovnega dogajanja, njegovih vzrokov in posledic ter krepitve zavesti o povezanosti lokalne in svetovne razsežnosti.

Okoljska diplomacija dežele izrednih naravnih danosti

Slovenija ima zaradi svojih naravnih danosti odlična izhodišča za uresničevanje t. i. *zelenega razvojnega preboja*. V tem smislu se dejavno vključuje v poglobljeni zunanjepolitični dialog o podnebnih spremembah in

---

Na kratko: kaj in kako

- Učinkovit multilateralni okvir (...) in medkulturni dialog.• Boj proti terorizmu: sodelovanje z državami Zahodnega Balkana, preprečevanje radikalizacije in novačenja tujih terorističnih borcev.
- Podpora ITF, da postane vodilna mednarodna ustanova na področju pokonfliktne rehabilitacije.
- Preventivna diplomacija: zgodnje odkrivanje kršitev človekovih pravic, mediacija.
- Človekove pravice: otroci, ženske, starejši, ranljive skupine, manjšine.
- Odprava smrtne kazni; boj proti trgovini z ljudmi.
- Dejavni v razvoju mednarodnega prava.
- Uveljavitev prispevka slovenske diplomacije k mednarodnemu pravu doma in v tujini; spodbujanje kandidiranja slovenskih predstavnikov v mednarodnih organizacijah.
- Dejavni na področju prava morja.
- Podporniki Mednarodnega kazenskega sodišča.
- Novi mehanizem mednarodne pravne pomoči za hudodelstva in genocid. • Upravljanje globalizacije.
- Razvojno sodelovanje: izraz solidarnosti, instrument trajnostnega razvoja in krepitve prepoznavnosti.
- Okoljska diplomacija: biotska raznovrstnost, gozdovi in vode, Alpe in Jadran, svetovni dan čebel.

---

z njimi povezanimi izzivi. Okoljska diplomacija upošteva prepletenost varnostnih, okoljskih, gospodarskih, razvojnih in drugih politik ter pomen skladnosti teh politik za doseganje ciljev trajnostnega razvoja na svetovni ravni. RS kot izrazito gozdnata dežela z več kot polstoletnimi izkušnjami iz sonaravnega gospodarjenja z gozdovi sodeluje z drugimi državami pri uveljavljanju pomena gozdov za globalno okolje, podnebne spremembe, ohranjanje biotske raznovrstnosti in gospodarstvo. Na področju ohranjanja biotske raznovrstnosti je posebnega pomena pobuda za razglasitev 20. maja za svetovni dan čebel pri OZN. *[...]*

3.2 USPEŠNI, ODPRTI, INOVATIVNI, SAMOZAVESTNI

Podpora diplomacije gospodarstvu, razvoju, izobraževanju, znanosti in kulturi

Ekonomska in gospodarska diplomacija

Dejavnost diplomacije je izrednega pomena za krepitev ugleda in gospodarske uspešnosti RS na tujem. S svojo poglavitno skrbjo za prispevek k stabilnemu in varnemu mednarodnemu okolju, ustrezno mesto RS v njem ter z dejavno promocijo vrednot, med njimi so tudi vrednote tržnega gospodarstva, zunanja politika in diplomacija ustvarjata prve pogoje za uspešno mednarodno gospodarsko sodelovanje RS, pa tudi za sodelovanje na znanstvenem, razvojnem, raziskovalnem in izobraževalnem področju. Uspešna politična diplomacija je v tesni zvezi z uspešno ekonomsko (kot širši pojem za vse dejavnosti diplomacije na širokem področju ekonomije, financ in podjetništva) in gospodarsko (ali tudi komercialno) diplomacijo, usmerjeno na neposredno pomoč podjetjem. Gospodarsko diplomacijo podpira tudi konzularna dejavnost Ministrstva za zunanje zadeve.

Ekonomska diplomacija dejavno spremlja tesno vzajemno povezanost med zunanjo politiko in mednarodnimi odnosi na eni strani ter gospodarskimi interesi RS in interesi slovenskih gospodarskih subjektov v mednarodnih gospodarskih odnosih na drugi. Pozorna je na interese obstoječih in potencialnih gospodarskih partnerjev RS, spremlja politični, gospodarski ter znanstveni in razvojno-raziskovalni razvoj v teh državah in je pri tem pozorna na elemente, ki bi lahko škodili slovenskim interesom. Diplomacija spremlja stanje človekovih pravic v gospodarskih partnericah in ta vidik upošteva pri odločitvah za prodor na nove trge. S svojim delom prispeva k oblikovanju ustreznih mednarodnih ocen države in s tem k ugodnemu položaju države na mednarodnih finančnih trgih. Pri vseh teh nalogah je ekonomska diplomacija lahko uspešna, če jo vodijo jasna razvojna, trgovinska, naložbena in industrijska politika države, osredotočene na ključne trge in večanje konkurenčnosti podjetij.

Skladno s prevzetimi obveznostmi na področju mednarodnega ekonomskega sodelovanja se v proračunu Ministrstva za zunanje zadeve zagotavljajo ustrezna sredstva za delovanje gospodarske diplomacije. V prihodnjih letih je treba delež teh sredstev še povečati. Gospodarska diplomacija v sodelovanju z resorjem za gospodarstvo usklajuje deležnike s področja mednarodnega gospodarskega sodelovanja ter pristojne institucije in podjetja podpira pri diverzifikaciji slovenskega izvoza in tujih naložb. Prepoznava nove, konkretne in potencialne poslovne priložnosti. Svoja prednostna geografska območja delovanja določa v tesnem sodelovanju z drugimi institucijami in gospodarstvom, upoštevaje prednostne trge, politične in varnostne razloge. Gospodarska diplomacija podpira privabljanje tujih neposrednih naložb, zlasti strateških, v skladu z zadevnimi strategijami države. Z mreženjem in zbiranjem informacij o gospodarskem in poslovnem, znanstvenem in razvojno-raziskovalnem okolju gostujoče države ustvarja podporno okolje za slovenska podjetja in znanost. *[…]*

Ministrstvo za zunanje zadeve bo spodbujalo stažiranja ekonomskih svetovalcev v podjetjih (pa tudi v znanstvenih ter raziskovalnih in razvojnih ustanovah) še pred njihovo razporeditvijo v tujino. *[…]* Poseben prispevek k povezavam na gospodarskem, znanstvenem, razvojno-raziskovalnem in izobraževalnem področju lahko dajo državljani in državljanke, ki delajo v tujini (zdomci in izseljenci). Tudi delo častnih konzulov je prednostno usmerjeno na področje gospodarske diplomacije. *[…]*

Znanstvena diplomacija

Diplomacija – upoštevaje tesno sodelovanje s pristojnimi vladnimi resorji – je dejavna tudi na področju uveljavljanja in internacionalizacije slovenske znanosti, inovacij in visokega šolstva. Podpira pretok znanja in interese slovenske znanstvene, akademske in izobraževalne skupnosti v EU in širšem mednarodnem kontekstu. Ključne dodane vrednosti *znanstvene diplomacije* so boljše izkoriščanje inovacijskih zmožnosti, znanstveno-tehnoloških in izobraževalnih dosežkov RS, potencialov zagonskih podjetij, povečevanje tujih naložb v RS, spodbujanje odličnosti v znanosti, pospeševanje mobilnosti študentov, predavateljev in raziskovalcev, pretoka znanj in idej v RS in zunaj njenih meja ter krepitev prepoznavnosti slovenske znanstvene in izobraževalne odličnosti. RS skrbi za ustrezno usposobljenost diplomatskih predstavnikov za vlogo ambasadorjev slovenske znanosti oziroma za delo na področju znanstvene diplomacije in sodelovanja na področju izobraževanja.

Kulturna diplomacija

Kultura je sredstvo in dejavnik zunanje politike. Kulturna diplomacija je orodje, s katerim RS dosega svoje cilje v mednarodni skupnosti, pri prepoznavnosti države, zlasti na geografskih področjih, kjer ustrezna javna podoba države ugodno vpliva na politične in gospodarske stike. Pri tem se kulturna diplomacija tesno povezuje s področjem mednarodnih odnosov v kulturi. *[...]*

Zunanja politika RS varuje in spodbuja kulturno in jezikovno raznolikost – tako glede različnih kulturno-umetniških izrazov kot glede zaščite in promocije kultur različnih družbenih skupin. Med ključnimi nalogami kulturne diplomacije je posredovanje in razširjanje informacij ter vedenja o posebnostih slovenske kulturne zgodovine, bogastvu slovenske kulturne dediščine in dosežkih slovenske kulture. *[...]*

Pomemben del kulturne diplomacije je uveljavljanje položaja slovenskega jezika v svetu, zlasti kot enega izmed uradnih jezikov EU ter v smislu spodbujanja rabe in učenja slovenščine, še posebej tam, kjer so navzoče slovenske skupnosti. Uveljavljanje slovenskega jezika v svetu je v nacionalnem interesu ter v interesu slovenistike. *[...]*

RS na ključnih lokacijah postavlja kulturne atašeje ali kulturne centre (lahko za več držav ali regijo) ter skrbi za ustrezno usposobljenost diplomatskih predstavnikov za vlogo ambasadorjev slovenske kulture. Ti so zaradi sinergije, prepoznavnosti in ekonomičnosti integrirani v diplomatska predstavništva in konzulate.

Izjemoma in kjer organski razvoj tako narekuje, se lahko oblikujejo fizično ločena kulturna predstavništva (po vzoru Slovenskega kulturno-informacijskega centra na Dunaju), lahko tudi kot del *Slovenske hiše*. *[...]*

Pomoč državljankam in državljanom na tujem, podpora varnim migracijam

Konzularna dejavnost je ena osnovnih dejavnosti diplomacije in izrednega pomena za njeno podobo v domači in tuji javnosti.

Še naprej bo poudarek na zagotavljanju kar najširšega možnega nabora konzularnih storitev našim državljankam in državljanom, kadar so ti potrebni zaščite in pomoči v tujini. Posebno mesto v konzularnem delu imajo storitve za člane tradicionalnih zdomskih in izseljenskih skupnosti. RS bo pozorna na posebnosti, ki jih na konzularnem področju prinašajo novodobni zdomci in izseljenci.

Vsi skupaj tvorijo globalno slovensko skupnost, ki je lahko pomemben vzvod RS v svetu. Zaradi vse večje mobilnosti znotraj schengenskega območja bo RS v pomoč državljanom spodbujala sodelovanje na vseh področjih civilnega prava, s poudarkom na družinskem pravu.

Pri konzularnem delu si bo v državah, kjer RS ni rezidenčno zastopana, pomagala s sodelovanjem z drugimi državami članicami EU. Kjer bo to dopustno, bo s prilagoditvijo pravnega okvira v nekatere konzularne dejavnosti vključila častne konzule. Nove oblike sodelovanja so mogoče z intenzivnejšo uporabo *outsourcinga*, in sicer prek zunanjih ponudnikov storitev, prek predstavništva ali konzulata druge države in prek častnih konzulov. Nove možnosti na konzularnem področju ponujajo tudi digitalne tehnologije.

Dolgoročno bo Ministrstvo za zunanje zadeve preučilo, ali bi bilo smiselno in racionalno podpreti morebitne predloge na ravni EU, ki bi omogočili nekatere najnujnejše oblike konzularne pomoči vsem državljanom Unije s strani delegacij EU v tretjih državah (kjer RS ni zastopana rezidenčno), upoštevaje suverenost, pravni red RS in varstvo osebnih podatkov.

Znotraj EU se bo RS zavzemala za vizumsko politiko, ki bo spodbujala prihod tujih turistov, mednarodno sodelovanje na gospodarskem, znanstvenem, izobraževalnem in kulturnem področju, stike s slovenskimi izseljenci ter podpirala politiko zaposlovanja EU in RS. Gostejša konzularna mreža, ki bi podprla pričakovanja gospodarstva po lastni izdaji vizumov za tuje poslovneže na novih oziroma bolj oddaljenih lokacijah v svetu, ne bo mogoča brez dodatnih investicij v konzularno infrastrukturo.

Zunanja politika RS bo zlasti prek delovanja diplomatskih predstavništev in konzulatov dejavno uresničevala migracijsko politiko RS. Pri tem bo – poleg vidika varnosti – posebej pozorna na spoštovanje človekovih pravic in prava, na mednarodne obveznosti RS ter mednarodno delitev bremen in odgovornosti, obveznost zagotavljanja zaščite in pomoči beguncem, na boj proti trgovini z ljudmi in nezakonitim migracijam, posebno kadar gre za ženske, otroke in druge ranljive skupine, ter na preprečevanje izkoriščanja tujih delavcev.

Za učinkovito upravljanje migracij bo krepila sodelovanje na področju migracij in mobilnosti v okviru EU ter v dialogu s tretjimi državami.

Podoba Slovenije v svetu

Javna diplomacija in znamčenje Slovenije

Strateško komuniciranje, javna in kulturna diplomacija so pomembni elementi mehke moči slovenske zunanje politike. Prepoznavnost RS kot varne, odprte, odgovorne, kulturno bogate in uspešne države je ključna za utrditev gospodarskega položaja države.

Javna diplomacija – v tesnem sodelovanju z drugimi vladnimi resorji in agencijami – v tem smislu deluje zlasti na ključnih trgih, uporabljajoč klasična promocijska sredstva ter sredstva digitalne diplomacije. Turistična promocija, namenjena ne le ciljnim poslovnim skupinam, ampak najširši javnosti, je izredno pomemben del teh prizadevanj. *[...]*

Ključna je močna sinergija prizadevanj, zato se predstavniki drugih resorjev in vladnih agencij s področja promocije vključujejo v diplomatska predstavništva in konzulate. Srednjeročno bo opravljen razmislek o potrebah in možnostih, da se na nekaterih gospodarsko in politično posebej pomembnih lokacijah okoli diplomatskih predstavništev (npr. Bruselj) oblikuje grozd slovenske prisotnosti v smislu koncepta *Slovenske hiše*.

Takšne oblike celovite (politično- diplomatske, gospodarske, izobraževalne, znanstvene in kulturne) slovenske navzočnosti bodo zahtevale finančno soudeležbo zainteresiranih gospodarskih, znanstvenih, izobraževalnih in drugih subjektov. *Slovenske hiše* se lahko oblikujejo tudi začasno, npr. v povezavi s pomembnimi mednarodnimi dogodki, zlasti športnimi (olimpijske igre, svetovna in evropska prvenstva). *[...]*

Del celostne podobe so tudi slovenski državljani in državljanke ter Slovenke in Slovenci po rodu, ki so se uveljavili v svetu na področju gospodarstva, kulture, znanosti, izobraževanja ali z drugimi dosežki. *[...]*

Celostno podobo RS zagotavlja državna znamka I FEEL SLOVENIA. *[...]*

Na kratko: kaj in kako

- Tesna povezava med uspešno politično in gospodarsko diplomacijo.
- Gospodarska diplomacija usklajuje deležnike s področja mednarodnega gospodarskega sodelovanja.
- Povezovanje z zbornicami, gospodarskimi združenji, poslovnimi grozdi; tesno sodelovanje z gospodarskim resorjem.
- Skrb za kakovost storitev gospodarske diplomacije, izpopolnjevanje ekonomskih svetovalcev, vključno s stažiranjem v podjetjih.
- Za močnejšo vlogo častnih konzulov.
- Realna rast proračunskih sredstev za gospodarsko diplomacijo.
- Znanstvena diplomacija in kulturna diplomacija.
- Konzularna dejavnost: pozornost popotnikom, tradicionalnim in novodobnim slovenskim skupnostim v tujini.
- Vizumska politika EU: za krepitev gospodarskega sodelovanja in učinkovito upravljanje migracij.
- Večja pozornost migracijam v Sredozemlju.
- Javna diplomacija za prepoznavnost RS kot varne, odprte, odgovorne, kulturno bogate in uspešne države.
- I FEEL SLOVENIA.
- Uspešne državljanke in državljani RS na tujem ter Slovenke in Slovenci po rodu kot del celostne podobe RS.
- Uveljavljanje slovenščine kot uradnega jezika EU in v okoljih, kjer žive slovenske skupnosti.

3.3 DIPLOMATSKA INFRASTRUKTURA

Tuja diplomatska prisotnost in mehka moč

Krepitev tuje diplomatske prisotnosti v RS in navzočnosti mednarodnih organizacij v RS je velikega pomena za prepoznavnost RS, mednarodno gospodarsko sodelovanje, pa tudi za mednarodni značaj Ljubljane ter ambicije RS, da se uveljavi kot eno izmed regionalnih multilateralnih središč. Častni konzuli tujih držav to navzočnost dopolnjujejo. Domače in tuje mednarodne organizacije, vladne in nevladne, agencije in druge ustanove, univerze ter druge organizacije s področja mednarodnega sodelovanja pomenijo pomembno, *mehko,* posredno orodje zunanje politike in mednarodnih odnosov RS. Med navedene sodijo *Agencija za sodelovanje energetskih regulatorjev, ITF Ustanova za krepitev človekove varnosti, Center za promocijo podjetij, Center za odličnost na področju financ,*

Evrosredozemska univerza, Center za evropsko prihodnost, Center za mednarodno sodelovanje in razvoj, Center za islamske, arabske in bližnjevzhodne študije, Slovensko društvo za mednarodne odnose, Klub nekdanjih veleposlanikov, Društvo za Združene narode, Strateški svet za zunanje zadeve, Slovensko panevropsko gibanje, združenje Slovenska izseljenska matica, izseljensko društvo Slovenija v svetu, Center za slovenščino kot drugi/tuji jezik idr. Izredno pomemben del tovrstne slovenske zunanjepolitične podobe je *Strateški forum Bled,* ki se je uveljavil kot ena najpomembnejših mednarodnih konferenc v tem prostoru.

RS bo zagotavljala okolje, v katerem bodo te organizacije, zlasti pa tuja diplomatska predstavništva, nemoteno delovali, in ki bo privabilo nove. V ta namen bo vlada identificirala in krepila primerljive prednosti Ljubljane (in RS kot celote), promovirala RS kot odskočno desko za države Jugovzhodne in Srednje Evrope, okrepljeno podpirala tuje nerezidenčne misije, krepila stike z državami, ki nas pokrivajo nerezidenčno, vodila politiko, usmerjeno v širitev ponudbe letalskih povezav RS s svetom, uredila organizacijo kakovostnega osnovnega in srednjega šolstva v tujih jezikih ter ohranjala dialog z Mestno občino Ljubljana o praktičnih vidikih tuje diplomatske navzočnosti in navzočnosti mednarodnih organizacij.

Za sodobno, učinkovito, profesionalno in ustrezno opremljeno diplomacijo

Sposobnost in ambicija RS, da vpliva in sooblikuje odločitve v Evropi in svetu, ki zadevajo tudi nas, je odvisna od kakovosti in dosega naše diplomacije, kakovosti njenih človeških virov in opremljenosti. To prepričanje se mora izražati tudi v ustreznem deležu proračunskih sredstev, namenjenih za delovanje mreže diplomatskih predstavništev in konzulatov, izvajanje zunanje politike in delovanje infrastrukture Ministrstva za zunanje zadeve. Vlada bo srednje- in dolgoročno zagotovila ustrezno realno rast proračunskih sredstev za Ministrstvo za zunanje zadeve, kar bo omogočilo obseg in kakovost dejavnosti kot v primerljivih diplomacijah.

Pomen rezidenčne prisotnosti

Za državo z odprtim gospodarstvom, na izpostavljeni, prehodni geopolitični in prometni legi v središču evropske celine je diplomacija izrednega pomena. Zagotovitev navzočnosti v vrsti držav, kjer se sooblikujejo odločitve o našem skupnem političnem in varnostnem okolju in kjer so dejavna naša podjetja, je zato ključnega pomena. Namen prizadevanj za racionalno organizacijo diplomacije je usmerjanje njenega obsega na tista prednostna področja, ki so neposredno povezana s strateškimi zunanjepolitičnimi in gospodarskimi interesi ter uveljavljanjem nacionalnega interesa in vrednot. Struktura, obseg in viri za diplomacijo morajo slediti zunanjepolitičnim ciljem RS.

Slovenska diplomatska in konzularna mreža ne bo nikoli zelo velika, zato je treba kvantiteto nadomeščati s kvaliteto. Bistvena dodana vrednost diplomatskih predstavništev in konzulatov je v tem, da delujejo v skupnem javnem interesu.

Prednost bo dana čim širši rezidenčni zastopanosti, to je, tudi v širši svet razprostranjeni mreži veleposlaništev in konzulatov. Pri tem bodo ključno merilo gospodarski in politični interesi. Osnovna načela praktičnih rešitev bodo prilagodljivost okoliščinam in potrebam, izvirnost, iznajdljivost in učinkovitost. Med te sodijo nerezidenčni veleposlaniki s sedežem na Ministrstvu za zunanje zadeve, kolokacija z drugimi državami članicami EU ali Nata v tretjih državah, kolokacija z Evropsko službo za zunanje delovanje (EEAS) in druge. Predstavništva s samo enim diplomatom so kot izjema mogoča le v tistih primerih, ko predstavništvo opravlja le ozko omejen nabor diplomatskih in konzularnih nalog.

Srednjeročno bodo odprta veleposlaništvo v Zalivu, veleposlaništvo v Srednji Aziji in veleposlaništvo v Podsaharski Afriki, dolgoročno pa v Jugovzhodni Aziji. Vlada bo preučila možnosti za ponovno odprtje veleposlaništev, zaprtih v letih 2012 in 2013.

Pri postavitvi in vzdrževanju infrastrukture slovenske navzočnosti v tujini bo poseben poudarek namenjen primernim prostorskim rešitvam (prednost bodo imele trajne rešitve oziroma lastništvo, zlasti v državah posebnega pomena za RS), dovolj številčnim in sodobno opremljenim vizumskim oddelkom ter sodobnemu informacijsko-komunikacijskemu sistemu kot delu kritične infrastrukture države, ki v vseh razmerah zagotavlja stik s predstavništvi RS v tujini. Pozornost bo namenjena tudi opremljanju predstavništev z reprezentativnimi umetniškimi deli.

Strokovni, delovni in osebnostni razvoj zaposlenih

Ljudje so največje bogastvo diplomacije – so zakladnica diplomatskih znanj in praks države kot celote. Srednjeročno in dolgoročno je treba doseči ugodnejše razmerje med zaposlenimi v zunanji in notranji službi – v prid zunanji službi. Etika in integriteta slovenskih diplomatk in diplomatov sta na prvem mestu. *[…]*

Poseben poudarek dela diplomatov bo na mreženju, kakovostnem diplomatskem poročanju, analitičnih sposobnostih, timskem delu, samoiniciativnosti in prevzemanju osebne odgovornosti za rezultate dela ter menedžerskih sposobnostih. Ministrstvo bo pozorno do oblikovanja znanja neevropskih jezikov in specialističnega znanja o neevropskih okoljih, poleg angleščine in francoščine ostaja pomembno znanje drugih evropskih jezikov. Na področju analitike je potrebna institucionalna koncentracija slovenskega znanja, ki bo povezala ekspertizo Ministrstva za zunanje zadeve in slovenske mehke moči na področju mednarodnih odnosov (v obliki *think-tanka* ali nacionalnega sveta za zunanje zadeve). Posebna pozornost analitike bo posvečena študiju položaja in vloge držav in diplomacij, ki so primerljive Sloveniji.

[…] Sistem usposabljanja se bo dopolnjeval z izobraževanjem in izpopolnjevanjem na uveljavljenih domačih in tujih ustanovah. *[…]*

Slovenke in Slovenci v institucijah EU in drugih mednarodnih organizacijah

Ministrstvo za zunanje zadeve bo v okviru izvedbenih načrtov in skladno s prednostnimi področji in geografskimi območji zunanje politike načrtno in na vseh kariernih ravneh določilo za RS zanimiva mesta v mednarodnih organizacijah z delovnega področja zunanjih zadev, zlasti OZN (in njenih specializiranih agencij), EU, Nato, OVSE, OECD kakor tudi – v sodelovanju z drugimi resorji – v multilateralnih organizacijah, ki delujejo na področjih drugih ministrstev in državnih organov.

Na kratko: kaj in kako

- Zagotovitev okolja za ohranjanje tuje diplomatske prisotnosti in *mehke* zunanjepolitične moči.
- Strateški forum Bled – vodilna mednarodna konferenca v regiji.
- Realna rast proračunskih sredstev za zunanjo politiko.
- Pomen rezidenčne prisotnosti: rast mreže predstavništev v skladu s političnimi in gospodarskimi interesi.
- Zagotovitev ustrezne diplomatske infrastrukture.
- Skrb za vzgojo mladih diplomatov, stalno usposabljanje zaposlenih, oblikovanje lastne izobraževalne enote.
- Okrepitev analitične zmogljivosti in strateški razmislek Ministrstva za zunanje zadeve z institucionalizirano koncentracijo diplomatskih znanj.
- Krepitev korporativne zavesti, profesionalnosti in integritete slovenske diplomacije.
- Zakonska opredelitev specifičnosti diplomatskega poklica in dela.
- Sistematična podpora krepitvi prisotnosti Slovenk in Slovencev v mednarodnih institucijah (...).

DEKLARACIJA O ZUNANJI POLITIKI REPUBLIKE SLOVENIJE

Državni zbor Republike Slovenije, Ljubljana, 10. Julija 2015

Na podlagi prvega odstavka 2. člena Zakona o zunanjih zadevah (Uradni list RS, št. 113/03 – uradno prečiščeno besedilo, 20/06 – ZNOMCMO, 76/08, 108/09, 80/10 – ZUTD in 31/15) in 110. člena Poslovnika državnega zbora (Uradni list RS, št. 92/07 – uradno prečiščeno besedilo, 105/10 in 80/13) je Državni zbor na seji dne 10. julija 2015 sprejel

DEKLARACIJO

o zunanji politiki Republike Slovenije (DeZPRS-1)

V vsebinskem in časovnem okviru, ki ga določajo četrt stoletja samostojne, neodvisne in demokratične države, desetletnica članstva v Evropski uniji in Organizaciji severnoatlantske pogodbe (NATO) ter obletnica padca Berlinskega zidu, sprejetja Helsinške sklepne listine o varnosti in sodelovanju v Evropi, ustanovitve Organizacije združenih narodov, konca druge svetovne vojne in začetka prve svetovne vojne,

- upoštevajoč spremembe v mednarodni skupnosti, ki so nastale v času po Deklaraciji o zunanji politiki Republike Slovenje (Uradni list RS, št. 108/99), zlasti pa nove regionalne in globalne izzive na začetku 21. stoletja,

- upoštevajoč nacionalni interes Republike Slovenije, ki je v njeni suverenosti, varnosti državljank in državljanov, varovanju in uveljavitvi ustavnih vrednot in nacionalne kulture, trajnostnem razvoju, gospodarski in splošni blaginji državljank in državljanov, varovanju in krepitvi vladavine prava in spoštovanja človekovih pravic, varovanju in krepitvi parlamentarne demokracije in tržnega gospodarstva, varovanju pravic avtohtone italijanske in madžarske narodne skupnosti, skrbi za avtohtone slovenske narodne manjšine v sosednjih državah, skrbi za Slovence po svetu ter v ohranitvi in razvoju skupnega slovenskega kulturnega prostora,

- upoštevajoč, da so se državljanke in državljani Republike Slovenije z veliko večino odločili za članstvo v Evropski uniji, ki za Republiko Slovenijo predstavlja temeljni vrednostni in politični okvir za zagotavljanje blaginje in temeljnih pravic, ter članstvo v NATO, ki predstavlja temeljni okvir za zagotavljanje nacionalne varnosti,

- skladno s ključnimi nacionalnimi strateškimi dokumenti, zlasti glede nacionalne varnosti in razvoja Slovenije,

- upoštevajoč odnose Republike Slovenije z drugimi subjekti mednarodnega prava ter njeno delovanje v različnih oblikah sodelovanja v mednarodni skupnosti na globalni in regionalni ravni, s čimer tvorno prispeva k razvoju mednarodne skupnosti, utemeljenem na miru in varnosti, mirnem reševanju sporov, suvereni enakosti držav, spoštovanju temeljnih človekovih pravic in svoboščin ter človekovega dostojanstva, spoštovanju mednarodnega prava, na zagotavljanju človekove varnosti, mednarodne pravičnosti in solidarnosti, na uveljavljanju načel dobrega upravljanja ter k doseganju ciljev trajnostnega razvoja na globalni ravni,

Državni zbor sprejema Deklaracijo o zunanji politiki Republike Slovenije.

I. VREDNOTE, PRAVNI TEMELJI IN GEOPOLITIČNI POLOŽAJ

Zunanja politika Republike Slovenije temelji na vrednotah slovenske osamosvojitve in državnosti, Ustavi Republike Slovenije, vrednotah Evropske unije ter načelih Ustanovne listine Organizacije združenih narodov.

Položaj in delovanje Republike Slovenije v mednarodnem okolju temelji na Ustavi Republike Slovenije, Temeljni ustavni listini o samostojnosti in neodvisnosti Republike Slovenije, Zakonu o zunanjih zadevah in drugih notranjepravnih aktih ter mednarodnem pravu, ki zavezuje Republiko Slovenijo.

Republika Slovenija je srednjeevropska in sredozemska država, v središču alpsko-jadransko-podonavskega prostora ter na stičišču Zahodne Evrope in Zahodnega Balkana. Republika Slovenija je pomorska država.

II. CILJI ZUNANJE POLITIKE REPUBLIKE SLOVENIJE

Cilji zunanje politike Republike Slovenije so:

- varnost Republike Slovenije: mir, varnost in politična stabilnost v sosedstvu in Evropi ter širše v svetu;

- blaginja Republike Slovenije, njenih državljank in državljanov;

- urejeni dvostranski odnosi: dobrososedski odnosi ter poglobljeni odnosi s partnerji v Evropski uniji in drugimi ključnimi političnimi in gospodarskimi partnerji;

- ugled in prepoznavnost Republike Slovenije kot uspešne članice Evropske unije;

- umestitev Republike Slovenije v jedro poglobljene in razširjene Evropske unije z močno skupno zunanjo in varnostno politiko, ki je sposobna uveljavljati interese članic kot ena ključnih globalnih igralk;

- okrepljen multilateralni sistem, ki temelji na učinkoviti Organizaciji združenih narodov, suvereni enakosti držav, kolektivni varnosti, mirnem reševanju sporov, samoodločbi narodov, visokih standardih človekovih pravic, močni vlogi mednarodnega prava, okrepljenem mednarodnem razvojnem sodelovanju, humanitarni pomoči in trajnostnem razvoju;

- prepoznavnost slovenske kulturne, znanstvene in izobraževalne odličnosti v mednarodnem prostoru, ohranitev in razvoj slovenskih manjšin v sosednjih državah ter slovenskih skupnosti v svetu, uveljavitev slovenskega jezika v zamejstvu, Evropski uniji in svetu.

III. PREDNOSTNA PODROČJA IN OBMOČJA ZUNANJE POLITIKE REPUBLIKE SLOVENIJE

V okviru navedenih ciljev je izvajanje zunanje politike Republike Slovenije osredotočeno na naslednja prednostna področja in območja:

- krepitev političnih in gospodarskih vezi na državni in regionalni ravni v alpsko-jadransko-podonavskem prostoru, z državami Srednje Evrope in na ravni srednjeevropskih povezav;

- podpora krepitvi trgovinske menjave in močni navzočnosti slovenskih podjetij na trgih držav Evropske unije in tujih trgih, rasti neposrednih tujih naložb, internacionalizaciji slovenskih podjetij in spodbujanju zagonskih podjetij, podpora uveljavitvi slovenskega znanja na tujem in pretoku znanja, podpora kulturni, znanstveni, izobraževalni, turistični in siceřšnji prepoznavnosti ter ugledu Republike Slovenije;

- uveljavljanje interesov Republike Slovenije kot dejavne članice v jedru Evropske unije, podpora vključitvi Republike Slovenije v vseevropska prometna in energetska omrežja, upoštevajoč njeno središčno in prehodno geografsko lego, uveljavitev Kopra kot vodilnega severnojadranskega oziroma srednjeevropskega pristanišča v povezavi s prometnim koridorjem Baltik–Jadran;

- celovita uresničitev Sporazuma o vprašanjih nasledstva in rešitev odprtih nasledstvenih vprašanj;

- nadgradnja slovenske prisotnosti na Zahodnem Balkanu, dejavna podpora širitvi Evropske unije in Nata ob izpolnjevanju pogojev, zlasti vladavine prava;

- krepitev vidnosti in vloge Republike Slovenije v NATO kot temeljnem okviru nacionalne in evropske varnosti, krepitev čezatlantskega sodelovanja na podlagi skupnih vrednot in vzajemnih interesov, boj proti terorizmu in ekstremizmom, vključno z odpravljanjem okoliščin, ki ustvarjajo plodna tla za ekstremizem;

- skrb za položaj in razvoj avtohtonih slovenskih narodnih skupnosti v Avstriji, na Hrvaškem, v Italiji in na Madžarskem, vsestranska povezanost Slovencev po svetu z Republiko Slovenijo;

- konzularna dejavnost, ki ščiti slovenske državljanke in državljane v tujini ter podpira mednarodno gospodarsko, kulturno, znanstveno in izobraževalno sodelovanje, sodelovanje s Slovenci po svetu, varne migracije in boj proti trgovini z ljudmi;

- dejavno zavzemanje za pravice otrok, žensk, narodnih manjšin ter najbolj ranljivih skupin, vključno z uveljavljanjem načela odgovornosti zaščititi, krepitev medkulturnega dialoga in spoštovanja različnosti, soočanje z izzivi staranja prebivalstva;

- področje podnebnih sprememb, s poudarkom na trajnosti vodnih virov in gozdnega bogastva ter biotski in geografski raznovrstnosti.

IV. IZVAJANJE ZUNANJE POLITIKE REPUBLIKE SLOVENIJE IN URESNIČEVANJE DEKLARACIJE

Za uspešno izvajanje te deklaracije so ključni naslednji elementi zunanje politike Republike Slovenije:

- osrednja vloga Ministrstva za zunanje zadeve pri usklajevanju vseh mednarodnih dejavnosti in vseh deležnikov na področju mednarodnih odnosov Republike Slovenije ter povezovanje teh dejavnosti v skladno, verodostojno in celostno zunanjo politiko; dejavno in usklajeno sodelovanje vseh ministrstev v Svetu Evropske unije ter drugih mednarodnih in regionalnih organizacijah, nosilna vloga Državnega zbora pri oblikovanju stališč do vseh zunanjepolitičnih vprašanj, povezovalna vloga Ministrstva za zunanje zadeve pri oblikovanju in izvajanju gospodarske diplomacije;

- krepitev kulture zunanje politike, za katero so značilni državniško usmerjena zunanja politika, kontinuiteta načel in vrednot v zunanji politiki, iskanje širokega političnega in družbenega soglasja glede temeljnih zunanjepolitičnih usmeritev, pri ključnih odločitvah in pomembnejših

mednarodnih kandidaturah ter enotno zastopanje nacionalnega interesa pri nastopu nosilcev državnih funkcij oziroma deležnikov zunanje politike v tujini;

- dolgoročno stabilna zagotovitev ustreznih proračunskih sredstev za izvajanje zunanje politike;

- čim širša prisotnost Republike Slovenije v tujini in mednarodnih organizacijah, skladno s političnimi in gospodarskimi interesi, krepitev diplomatske prisotnosti tujih držav in prisotnosti mednarodnih organizacij v Republiki Sloveniji;

- sodobna, učinkovita, profesionalna in ustrezno opremljena diplomacija ter skrb za njeno obnavljanje in razvoj.

Načini in sredstva za doseganje konkretnih ciljev po posameznih prednostnih področjih, ki jih opredeljuje ta deklaracija, bodo podrobneje opredeljeni v strateškem dokumentu o zunanji politiki Republike Slovenije, ki ga na podlagi te deklaracije sprejme Vlada Republike Slovenije. Na podlagi tega dokumenta bo pripravljen izvedbeni načrt Ministrstva za zunanje zadeve.

Minister za zunanje zadeve bo v imenu Vlade Republike Slovenije letno predstavil Državnemu zboru oceno o razvoju mednarodnih odnosov in položaju Republike Slovenije v mednarodni skupnosti glede na cilje in prednostne naloge te deklaracije in strateškega dokumenta iz prejšnjega odstavka. Na tej podlagi bo Državni zbor za Vlado Republike Slovenije in Ministrstvo za zunanje zadeve oblikoval stališča oziroma usmeritve.

Vlada Republike Slovenije bo pri izvajanju te deklaracije in strateškega dokumenta dejavno in sistematično sodelovala s slovenskimi političnimi, gospodarskimi in drugimi pravnimi subjekti, civilno družbo, nevladnimi organizacijami ter zainteresirano strokovno in širšo javnostjo.

Št. 007-01/15-16/12

Ljubljana, dne 10. julija 2015

EPA 532-VII
                            Državni zbor

                            Republike Slovenije

                            dr. Milan Brglez l.r.

                            Predsednik

ANEKS I
VELEPOSLANIŠTVA AFRIŠKIH DRŽAV AKREDITIRANA V RS[1]

VELEPOSLANIŠTVO	VODJA VELEPOSLANIŠTVA	NASLOV IN KONTAKTNI PODATKI	
ALŽIRIJA	g. Abdelkader DEHENDI, veleposlanik	Zugligeti út 27 HU-1121 Budapest	ambalbud@t-online.hu ambalbud@axelero.hu http://algerianembassy.hu/
ANGOLA	ga. Maria de Jesus dos Reis FERREIRA, veleposlanica	Seilerstätte 15/10 (1st Floor) AT-1010 Vienna	embangola.viena@embangola.at http://www.embangola.at
BENIN	g. Eloi LAOUROU, veleposlanik	Chemin du Petit–Saconnex 28 CH–1209 Geneva	info@missionbenin.ch www.missionbenin.ch
BURKINA FASO	g. Dieudonné KERE, veleposlanik	Strohgasse 14c/5th floor AT–1030 Vienna	s.r@abfvienne.at, s.p@abfvienne www.abfvienne.at
EGIPT	g. Youssef DIAELDIN MEKKAWY, veleposlanik	Opekarska cesta 18A SI-1000 Ljubljana	embassy.ljubljana@mfa.gov.eg, embassyofegyptljubljana@yahoo.com
EKVATORIJALNA GVINEJA	ga. Cecilia OBONO NDONG NCHAMA, veleposlanica	Via Bruxelles 59/A IT-00198 ROME	embaregeitalia@yahoo.es
GANA	ga. Paulina Patience ABAYAGE, veleposlanica	Via Ostriana, 4 IT-00199 Rome	info@ghanaembassy.it rome@mfa.gov.gh http://www.ghanaembassy.it

[1] Pregled diplomatske liste RS opravljen dne 9. aprila 2019.

MAROKO	g. Lotfi BOUCHAARA, veleposlanik	Hasenauerstrasse 57 AT-1180 Vienna	emb-pmissionvienna@morocco.at
MAVRETANIJA		Via Antonio Bertoloni 29, IT-00198 ROME	0039 0685351530 info@ambamauritanieitaly.it
NIGERIJA	ga. Jane Ada NDEM, veleposlanica	Str. Drumul Potcoavei nr. 77 C, Voluntari, Jud. Ilfov RO–077190 Bucharest	nigerembinro@yahoo.com www.nigerian-embassy.ro
REPUBLIKA JUŽNA AFRIKA	g. Joseph Tebogo SEOKOLO, veleposlanik	Sandgasse 33 AT-1190 Vienna	vienna.bilateral@dirco.gov.za http://www.southafrica-embassy.at http://www.suedafrika-botschaft.at
RUANDA	g. Jean Pierre KARABARANGA, veleposlanik	Johan Van Oldenbarneveltlaan 9B NL-2582 The Hague	ambalahaye@minaffet.gov.rw www.ambalahaye.nl
TANZANIJA	g. George Kahema MADAFA, veleposlanik	Viale Cortina D'ampezzo 185 IT-00135 Rome	info@embassyoftanzaniarome.info http://www.embassyoftanzaniarome.info
TOGO	g. Komi Bayédzè DAGOH, veleposlanik	Grabbeallee 43 DE-13156 Berlin	allemagne@diplomatie.gouv.tg www.ambatogoberlin.de
UGANDA	ga. Elizabeth Paula NAPEYOK, veleposlanica	Via Salita del Poggio Laurentino 7 IT–00144 Rome	info@embassyofuganda.it http://www.embassyofuganda.it/
ZAMBIJA	g. Anthony LUBINDA MUKWITA, veleposlanik	Axel–Springer–Straße 54a, DE-10117 Berlin	info@zambiaembassy.de secretary@zambiaembassy.de http://www.sambia–botschaft.de
LIBIJA		Via Nomentana 365 IT–00162 Rome	enquiries@libyanembassy-italy.gov.ly

NAMIBIJA		Zuckerkandlgasse 2 AT–1190 Vienna	nam.emb.vienna@speed.at, nam.emb.visa@speed.at www.embnamibia.at
SEJŠELI		28 Boulevard Saint Michel, Bte. 5 BE-1040 Bruxelles	brussels@seychellesgov.com http://www.mfa.gov.sc
SLONOKOŠČENA OBALA		Neulinggasse 29/6/20 AT-1030 Vienna	office@ambaciaut.org www.ambaciaut.org
SUDAN		Reisnerstraße 29/5 AT-1030 Vienna	sudanivienna@prioritytelecom.biz www.sudanivienna.at
TUNIZIJA	g. Mohamed MEZGHANI, veleposlanik	Sieveringerstrasse 187 AT-1190 Vienna	at.vienne@aon.at http://www.atunisie-at.org/
ZELENORTSKI OTOKI		Avenue Jeanne 29 BE-1050 Bruxelles	emb.caboverde@skynet.be http://www.embcv.be/en

ANEKS II
VELEPOSLANIŠTVA RS AKREDITIRANA V AFRIŠKIH DRŽAVAH

VELEPOSLANIŠTVO	VODJA VELEPOSLANIŠTVA	NASLOV IN KONTAKTNI PODATKI	
ALŽIRIJA	mag. Renata CVELBAR BEK, veleposlanica	Hermanos Bécquer,7-2 ES-28 006 Madrid Španija	+ 34 91 411 68 93 + 34 91 564 60 57 sloembassy.madrid(at)gov.si http://madrid.veleposlanistvo.si/
EGIPT	ga. Mateja Prevolšek,, veleposlanica	21 Soliman Abaza St., 6 th Floor, Mohandessin Giza 12311, Cairo Arab Republic of Egypt	+ 20 2 3749 81 71 + 20 2 3749 71 41 sloembassy.cairo(at)gov.si http://kairo.veleposlanistvo.si
ETIOPIJA	mag. Matjaž ŠINKOVEC*, veleposlanik	Rue du commerce 44 1000 Bruselj Belgija	+ 32 2 213 6337 + 32 2 213 6429 sloembassy.brussels(at)gov.si www.bruselj.veleposlanistvo.si/
LIBIJA	g. Bogdan BENKO, veleposlanik	Via Leonardo Pisano 10 IT-00197 Rim Italija	+ 39 06 80 914 310 + 39 06 80 81 471 sloembassy.rome(at)gov.si www.rim.veleposlanistvo.si

*Veleposlanik dr. Rado Genorio je v postopku predaje poverilnih pisem predsednici Republike Etiopije.

MAROKO	g. Andrej SLAPNIČAR, veleposlanik	28, rue Bois-le-Vent 75116 Paris Francija	+ 33 1 44 96 50 71 + 33 1 45 24 67 05 sloembassy.paris(at)gov.si www.pariz.veleposlanistvo.si
TUNIZIJA	g. Bogdan BENKO, veleposlanik	Via Leonardo Pisano 10 IT-00197 Rim Italija	+ 39 06 80 914 310 + 39 06 80 81 471 sloembassy.rome(at)gov.si www.rim.veleposlanistvo.si
ZELENORTSKI OTOKI	dr. Rado GENORIO	Rue du commerce 44 1000 Bruselj Belgija	+ 32 2 213 6337 + 32 2 213 6429 sloembassy.brussels(at)gov.si www.bruselj.veleposlanistvo.si/

ANEKS III
VELEPOSLANIŠTVA RS AKREDITIRANA PRI MEDNARODNIH ORGANIZACIJAH

VELEPOSLANIŠTVO	VODJA VELEPOSLANIŠTVA	NASLOV IN KONTAKTNI PODATKI	
AFRIŠKA UNIJA	mag. Matjaž ŠINKOVEC*, veleposlanik	Rue du commerce 44 1000 Bruselj Belgija	+ 32 2 213 6337 + 32 2 213 6429 sloembassy.brussels(at)gov.si www.bruselj.veleposlanistvo.si/

* Veleposlanik dr. Rado Genorio je v postopku predaje poverilnih pisem predsedujočemu Komisiji Afriške unije.

ANEKS IV
KONZULATI RS V AFRIŠKIH DRŽAVAH NA ČELU S ČASTNIMI KONZULI

DRŽAVA	VODJA KONZULATA	NASLOV IN KONTAKTNI PODATKI	
REPUBLIKA JUŽNA AFRIKA	dr. Prieur du PLESSIS, častni generalni konzul	Generalni konzulat Republike Slovenije OtiVest House 9 Queen Street Durbanville 7550	+27 21 976 62 49 +27 86 604 66 03 info(at)slovenianconsulate.co.za www.slovenianconsulate.co.za
REPUBLIKA KENIJA	ga. Majda POVODEN NGINJA, častna konzulka	Konzulat Republike Slovenije Kyuna Close 4, Westlands P.O.Box 807-00606 Sarit Centre Nairobi	+ 254 724 301756 maja.povoden(at)gmail.com sloveniakenya(at)gmail.com
KRALJEVINA MAROKO	g. Said Noureddine DOUKARI, častni konzul	Konzulat Republike Slovenije 53 Rue Ahmed Charsi 20100, Casablanca	+ 212 522 70 00 74 + 212 522 70 00 75 + 212 522 70 00 10 sndoukari(at)pellatex.com
REPUBLIKA MAVRICIJ	g. Andrew Kenneth SLOME, častni konzul	Konzulat Republike Slovenije La Pirogue, Wolmar Flic en Flac 90504	+ 230 403 3900 + 230 403 3800 andrew.slome(at)lapirogue.mu
REPUBLIKA UGANDA	ga. Meera Rushikesh VADODARIA, častna konzulka	Konzulat Republike Slovenije 6th Floor, South Wing, Rumee P.O. B. 6034 Plot 19, Lumumba Avenue, Kampala	T: + 256-752-330363, F: +256-414-236596 E: meeravadodaria(at)hotmail.com

ANEKS V
ČASTNI KONZULI AFRIŠKIH DRŽAV V RS

DRŽAVA	VODJA KONZULATA	NASLOV
REPUBLIKA ANGOLA	dr. Andrej TOŠ, častni konzul	Konzulat Republike Angole Beethovnova ulica 12 SI - 1000 Ljubljana
REPUBLIKA GVINEJA BISSAU	g. Danilo SENIČ, častni konzul	Konzulat Republike Gvineje Bissau Avčinova ulica 19 SI - 1000 Ljubljana
REPUBLIKA JUŽNA AFRIKA	g. Janez PERGAR, častni konzul	Konzulat Republike Južne Afrike Nazorjeva ulica 6 SI - 1000 Ljubljana
REPUBLIKA SEJŠELI	g. Marko SMOLE, častni konzul	Konzulat Republike Sejšeli Tržaška cesta 19 A SI - 1370 Logatec
REPUBLIKA ZAMBIJA	g. Damjan Drago ZONTA, častni konzul	Konzulat Republike Zambije Letališka cesta 29 SI-1000 Ljubljana

www.ingramcontent.com/pod-product-compliance
Lightning Source LLC
Chambersburg PA
CBHW022108170526
45157CB00004B/1533